# 緊急検証　大阪市がなくなる

吉富有治

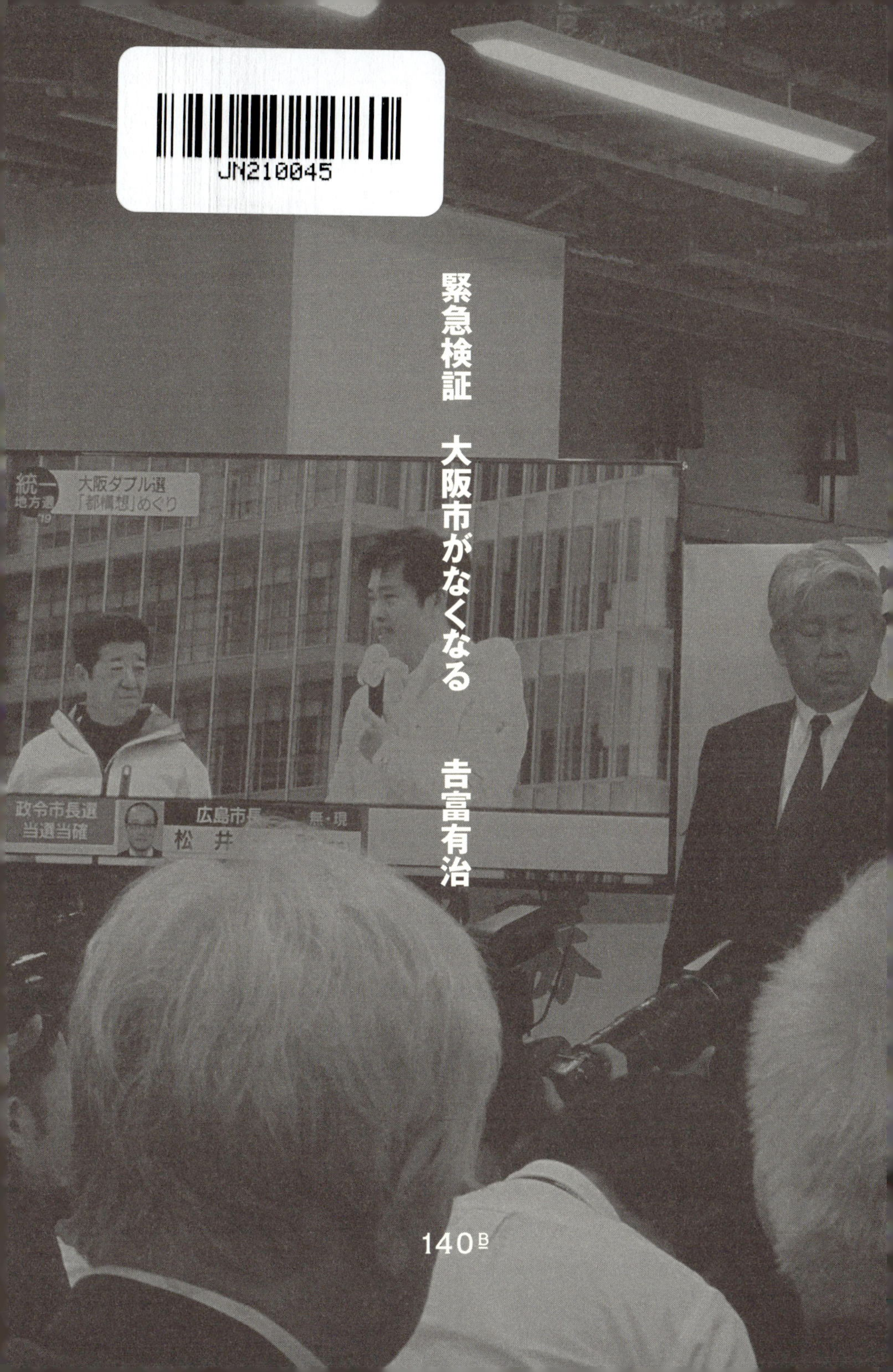


140B

目次

## 3 大阪維新の会の躍進で「トコーソー」が実現？——43



## 4 〈大阪限定〉維新人気の秘密とその危なさ、怖さ——59



## 緊急対談 『大阪破産』吉富有治×『誰が「橋下徹」をつくったか』松本創——72



写真 松本創

# はじめに

２０１９年は選挙の年です。４月には統一地方選と衆院の補欠選挙が大阪と沖縄でおこなわれ、７月には参院選が待っています。もしかすると安倍晋三首相は衆院を解散し、参院選とダブル選になるかも、なんてウワサまで流れています。

堺市では竹山修身《おさみ》市長の政治資金をめぐるズサンな管理が発覚し、議会と世論の集中砲火をあびて辞任。統一地方選が終わったばかりだというのに６月には急きょ、市長選が実施されます。あいつぐ選挙で堺市民と堺市議会は選挙疲れのご様子。ご愁傷さまです。ご愁傷さまなのは大阪府と大阪市も同じでした。府市の行政と政治は今後しばらく、混沌とすることが予想されるからです。

15年の大阪ダブル選に続いて大阪維新の会は大阪府知事と大阪市長の椅子を手中に収め、府議会と市議会でも最大会派をキープ。衆院大阪12区の補選でも圧勝して維新の政治勢力はさらに拡大し、支持基盤はより盤石なものとなりました。しばらくは維新の「わが世の春」が続くでしょう。維新が最大の政治的目標とする「大阪都構想」、本文中でわたしが「トコーソー」と批判する欠陥だらけの制度も実現し、大阪市民が「しまった！」と後悔する日も必ず訪れるでしょう。

統一地方選後、わたしはフェイスブックで「ヨシトミの毎日、ときどき隔日の随感」というコラムを書きはじめ、大阪の政治の特殊性や維新の強さを探る〝旅〟へとでかけました。最近の傾向にあわせ、この旅も「安近短」で終わらせるつもりでした。その直後です。このコラムを読んだ地元大阪の編集者から出版化の話を頂戴したのは。そうして書店に並ぶ一冊の本が生まれたわけなのです。なお、書籍化にあたっては新たに原稿を書き足しました。

さて、「大阪の政治とはなにか」「維新とはなにか」を探る旅は、じつは今年3月28日付けのオンラインマガジン「ハーバービジネスオンライン」から始まっていました。本著の冒頭に転載した「異質で異様、そして不可解な大阪ダブル選。問われる有権者の冷静な眼」がそれです。こちらは少々お堅い言葉が並びますが、その後のテーマを理解するうえで必要な問題を指摘していますす。まずはここを押さえていただき、その後の拙文を読めば大阪の政治の特殊性がわかる仕組みになっています。もっとも、本著のベースはコラムですから肩ひじ張らずに読め、しかも内容は濃いものだと自負しています。「安近短」ですから、すらすらと読める。しかも本の価格は安い。でも読み進めていくうちに維新とはなにかがわかり、有権者の意識や行き詰まった既成政党の姿も見えてくることでしょう。

筆者

HARBOR BUSINESS Online
ハーバー・ビジネス・オンライン

# 異質で異様、そして不可解な大阪ダブル選。問われる有権者の冷静な眼

2019.03.28

吉富有治

ダブル選挙に関して会見する大阪府の松井一郎知事（左）と大阪市の吉村洋文市長＝8日、大阪市中央区（写真／時事通信社）

## 松井府知事と吉村市長の大義なき「公務放り投げ」

統一地方選挙がスタートした。先陣を切ったのは全国11道府県の知事選で、次に6政令市の市長選が告示された。これらの首長を選ぶ選挙は統一地方選前半の4月7日に投開票される。

知事選と市長選の中でも特に注目されているのが大阪だろう。大阪維新の会の代表で前大阪府知事の松井一郎氏（55）と前大阪市長の吉村洋文氏（43）に対して、自民と公明が推薦する前大阪府副知事の小西禎一氏（64）と前大阪市会議員の柳本顕氏（45）がそれぞれ一騎打ち。小西氏と柳本氏は自公のほか立憲民主と共産党が自主支援、連合大阪が推薦するという、**＜維新vs.オール非維新＞**の構図になっている。

大阪の知事選と市長選が注目される理由は、維新がオール与野党＋連合を相手に孤軍奮闘するからではない。この選挙、**他の首長選挙に比べてきわめて異質であり、かつ不可解なことだらけ**なのだ。

まず、松井氏と吉村氏が、それぞれ**任期を8か月以上も残して途中辞任した**ことが不可解である。両氏は、いわゆる大阪都構想の賛否を問う住民投票の時期をめぐって公明党と大ゲンカ。「公明党にだまされた。死んでも死にきれない」「だったら辞任して再び民意を問う」として、大阪では**6月末にG20を控えているというのに公務を途中で放り投げた**。放り投げて選挙に打って出たが、それに見合う**大義は見当たらない**。だから不可解なのだ。

この背景を知るには、まずは大阪市廃止と特別区設置に関する構想、いわゆる**「大阪都構想」**（以下「都構想」と略）を説明しなければならない。

## 決着が付いている「都構想」を蒸し返す厚顔無恥

**都構想**とは**政令市である大阪市を廃止し、代わりに特別区を設置する大都市制度**である。わかりやすく言えば、東京23区の二番煎じを大阪府でやろうというものだ。ただし、大阪市を廃止しても特別法の制定か地方自治法の改正がない限り、大阪府は「大阪

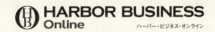

都」を名乗れない。あくまでも**「都構想」とは維新の政治目標であり、実質的には大阪市をマグロの解体ショーのようにバラバラにするもの**でしかない。

もっとも、都構想の賛否は**2015年5月17日に実施された住民投票で決着がついている。**僅差ながら反対票が賛成票を上回り、その瞬間に都構想は露と消えたかに見えた。維新の代表だった橋下徹前大阪市長も敗北をきっかけに潔く政界を去った。

だが、往生際が悪いのが維新の会だった。同年11月に投開票された知事選、市長選の大阪ダブル選挙で維新が圧勝したことを理由に、「民意は再び住民投票を望んでいる」と主張。公明党がそれに同調したこともあり、再度の都構想議論が大阪で再開されたのだ。

断っておくが、この**住民投票は大都市法という法律に基づいたもので、結果には法的拘束力が及ぶ。**しかも、1つの政策をめぐってYESかNOかを二者選択する直接民主制の住民投票と、多様な政策を掲げる政治家を選ぶ間接民主制の選挙は性質も次元も異なる。**後者の結果で前者の民意をないがしろにする行為など、ごくごく普通の遵法精神を持つ者なら恥ずかしくてやらない**だろう。

## 公明党との蜜月の終焉

話を基に戻そう。

都構想の制度設計をする場が**法定協議会**（以下「法定協」と略）である。ここに府議と市議の代表20名が集まり、あれこれ議論を重ねて都構想の設計図を作る。最終的には府議会と市議会の承認を得て住民投票で賛否を決める流れになる。

なお、法定協のメンバー構成は会長（維新）を除くと維新9名に対して自民、公明、共産が計10名。過半数を持たない維新は公明党の協力がなければ一歩も前に進まない。そのため維新は2017年4月、**公明党とこっそり密約を結び、法定協の開催と住民投票の実施時期について合意文書を交わしていたことが、後に松井氏自身の暴露で発覚**した。

さて、最初は議論に前向きだった公明党だったが、事務方から出されてくる設計図の素案があまりにズサンなことに不信感を持ちはじめる。そのたびに修正と資料追加の注文を出すのだが、事務方からはまともな回答が帰ってこない。結局、法定協での議論はスタートから2年近く経っても設計図の概要さえ見えない状況だった。

これに業を煮やした松井氏は昨年12年末、市内のホテルで公明党の議員らと会談し、「来年4月の統一地方選と同時に住民投票をやりたい」と強く迫った。これに対して、統一地方選に専念したい公明党は「実施は知事と市長の任期が来る11月ごろと認識している」と突っぱねて松井氏らと決別。それ以来、松井氏ら維新は「公明党はウソつきだ」と罵り、公明党の支持母体である創価学会は維新を完全に敵対視、いまや“仏敵”あつかいである。

## 理念なき「選挙の私物化」

今回のダブル辞任も公明党との大ゲンカの果てに起こったことであり、しかも知事と市長を入れ替えて選挙をするという想定外の手法に出た。もっとも、松井、吉村の両氏が仮にダブル当選しても法定協のメンバー構成が変わらない限り、都構想議論は1ミリも前に進まない。何のための途中辞任と知事選、市長選かがさっぱり不明。だから不可解なのである。

とは言え、今回のダブル選の裏の狙いははっきりしている。統一地方選と同時に実施することで世間の関心を高めて投票率をあげ、維新候補を1人でも多く当選させるためだ。

橋下氏が去ってからというもの、維新に以前ほどの勢いはない。そこで少しでも風を吹かせ、府議会と市議会で単独過半数を取るのが今回のダブル選の狙いなのだ。世間ではこれを党利党略と呼ぶ。

知事と市長を入れ替えて出馬する**「クロス選」**も異質である。いや、**異様**と言ってもいい。

そもそもクロス選は、いわゆる出直し選挙ではない。出直し選とは信任投票であり、知事や市長が自ら掲げる政策の賛否について公職を賭して有権者に問うものだ。そのため**公職選挙法第259条2項は出直し選に関する任期の例外を規定**し、**選挙で当選して復職しても任期は辞める前と変わらない**と定めている。なぜか。

これがないと現職の知事や市長はいくらでも任期を伸ばせるからだ。政敵の準備が整わないうちに出直し選に打って出れば当選する確率は高い。そのたびに4年の任期が手に入る。事実、過去にはこのようなことが国内各地で起こり、そこで公職選挙法を一部改正して任期の例外規定を設けた経緯がある。

ところが、さすがの公職選挙法もクロス選までは想定していなかった。完全に法の抜け穴で、**違法ではないが脱法行為**と呼んで差し支えないと思う。こんな事態が許されるのなら知事と市長が示し合わせれば、いつでもクロス選に打って出られる。知事選、市長選は現職が有利の実情から見て、当選する確率は高くなるだろう。

## 民主主義を踏みにじる維新の非道

「政治は駆け引き。クロス選という手法も許される」などと擁護をする一部の評論家がいる。だが、**「法律に書いてないことはやってもいい」と考える政治家など、どこまでいっても遵法精神など持ち合わせず、いつまでたっても民主主義を守らない。**そのとばっちりは、**いずれ国民が受けるだけだ。**

知事選と市長選で、しきりに都構想の推進を全面的にアピールする松井氏と吉村氏。ここでも不思議なことに「大阪市はなくならない。なくなるのは市役所と市議会だけ。街並みや地域コミュニティーは変わらない」といった奇妙キテレツなナゾ理論を有権者の前で披露している。**都構想の法的根拠である大都市法の第一条には、法の目的として「この法律は、道府県の区域内において関係市町村を廃止し（以下、略）」と明記されている**のに、だ。

異質で異様、そして不可解な大阪ダブル選。果たして、どれだけの有権者がそれに気づくのか。問われているのは都構想の是非だけではない。**有権者の冷静な眼も同時に問われた選挙**である。

＜取材・文／吉富有治＞

よしとみゆうじ●ジャーナリスト。1957年12月、愛媛県生まれ。金融専門誌、週刊誌の記者を経てフリーに。大阪を中心に地方自治を取材。著書に『大阪破産』（光文社）、『大阪破産からの再生』（講談社）など。



ハーバー・ビジネス・オンライン（2019.3.28）より

# 1
# 統一地方選の結果に思う

## 『大阪破産』を2冊書いた「大阪市ウォッチャー」として

大阪市民の中でも「昔の大阪市はひどかった」という方は少なくありません。この傾向は、とくに大阪維新の会が大きな政治的勢力を持ちはじめてから顕著になってきました。言うまでもなく、維新が「大阪を過去に戻すな」と大きな声で世間にアピールするからです。その背後に自分たちこそが改革勢力であるとの宣伝、刷り込み、イメージ操作があるのは確かでしょう。

ただ、「昔の大阪はひどかった」と訴える人の中で、どれだけ過去の出来事を時系列的に解説できるかはギモンです。おそらく、経営破たんした旧WTCビル（現大阪府咲洲《さきしま》庁舎）など湾岸開発の失敗のイメージがアタマにこびりつき、ましてやその後の処理も知らずに「だから大阪市はダメなんだ」という短絡的な結論に至っていると想像しています。もっとも、それも無理はありません。だれもが大阪市ウォッチャーであるはずもなく、大阪府政や大阪市政を定点観測している人など数えるほどしかいないからです。ただし、知識がなければ簡単にイメージ操作に引っかかります。そうならないためにも基礎的知識くらいは身につけておかなければなりません。

過去の大阪市とその後の流れを知りたければ拙著『大阪破産』『大阪破産第2章』（ともに光文社ペーパーバックス）をお読みください。ここを理解していないと維新の詐術にコロッとだまされます。とまあ、自著の宣伝を大いに兼ねて、ダブル選挙の1日前にわたしはフェイスブックにこのような話を書きました。

結果が出ました。大阪維新の会の吉村洋文さん、松井一郎さんがダブルで当選。投票を締め切った午後8時と同時、いわゆる開票0％のゼロ打ち。圧勝といってもいいでしょう。

次に書きますが「クロス選挙」という脱法行為も民意への反論の前では虚しく散りました。このあたりは自身の言論の力量に限界を感じます。ただ、勝利は勝利。ここはおふたりの健闘に敬意を表し、心からおめでとうございますと言わせていただきます。

## やっぱりおかしい脱法行為のクロス選

何度も言うようですが、大阪の統一地方選の結果は大阪維新の会の圧勝。素直に脱帽、白旗をあげます。維新の議員のみなさま、大阪で強固で盤石な支持を得られたのですから、これからはどうか大阪府民と大阪市民のためにベストな政策を実行してください。

と、素直にアタマを下げる一方で、どうしても文句を言いたいことがあります。なにかというと、知事と市長を入れ替えて出馬するクロス選のことです。マスコミは「奇策」などと腰が引けた表現をしていますが、わたしに言わせれば異質であり異様。なにより脱法行為でしかない。民主主義を大切にする政党なら、決して手を染めてはいけない「禁じ手だ」と訴えたいぞー。

ところで、「出直し選挙」というものがあります。知事や市長が議会と対立したことなどが原因で任期途中で辞任し、知事選や市長選をおこなうことで民意を問うというものです。大阪市の場合なら、直近では2014年3月23日に投開票が行われた出直し選がそれ。このときは自公共の反対でトコーソー実現に不可欠な住民投票のメドが立たなくなり、当時の橋下徹市長が出直し選に打って出た。民意を問うたのは法定協議会から自民党など反対派を外すことで、再選された橋下市長は公約どおりに反対派の排除を実行しました。これ以外にも、全国の市や町などで出直し選は数多く実施されてきました。

この出直し選については、公職選挙法第259条2項が任期に関する例外規定を設け、再選された首長の任期は辞める前と変わらないと釘を刺しています。たとえば、任期を1年残して出直し選をやって当選しても、残りの任期は4年ではなく1年のままなのです。なぜ公職選挙法が出直し選に関して任期の例外規定を設けるかというと、これがないと現職の知事や市長はいくらでも任期を伸ばせるからです。任期満了に伴う選挙なら対抗馬も事前に準備ができますが、相手の準備が整わないうちに不意打ち的に辞任して出直し選に打って出れば、現職の首長が当選する確率は非常に高い。こんなことを繰り返せば、選挙のたびに4年の任期が手に入ることになるわけです。実際、過去にはこのようなことが国内各地で発生し、その反省から公職選挙法を一部改正して「任期の例外規定」を設けた経緯があるのです。

では「クロス選」はどうか。こちらは出直し選ではありません。出直し選とは一種の信任投票です。ところが、府知事と市長を入れ替えて選挙に臨むのは、府知事の政策を府知事の再選を賭けて、あるいは市長の政策を市長の再選を賭けてそれぞれが辞任し、民意を問うものではないからです。さすがの法律もクロス選という禁じ手までは想定していなかったのでしょう。任期途中の辞任でも府知事と市長を入れ替えての選挙は公職選挙法の想定外で、任期の例外規定からも外れる。いたずらに任期を延ばすことを禁じる法の目的からは逸脱する。だから脱法行為なのです。

こんな行為が許されるのなら今後、似たような例が増えるでしょう。知事と市長が口裏を合わせれば、いつでもクロス選に打って出られる。過去のデータから見て知事選や市長選は現職が有利と言われていますし、おまけに不意打ちのクロス選なら仕掛けた側が当選する確率は高くなる。

案の定、類似のケースが早々に出てきました。大阪府池田市の倉田薫《かおる》市長のケースです。ただ、このケースはやや特殊です。倉田市長は今年12月の任期満了を待たずに辞職し、市長本人は出馬しないものの市長の長男が出馬を表明。4月21日投開票の統一地方選にあわせて市長選が実施されました。結果、長男の倉田晃《あきら》候補は落選。選挙の結果はともかく、これだけ見ると市長と長男は別人格ですから公職選挙法第259条2項の立法趣旨に反するとは思えません。ですが、倉田市長のケースでは市長と長男は別人格だといっても身内同士ですから、市長職の承継を目指したと見なすこともできる。

大阪ダブル選で松井候補と吉村候補がクロス選を仕掛けて勝利し、両氏が新たな4年の任期を得たのは、〝大阪維新の会〟という共同体で見れば維新の利益になった。倉田市長のケースも、〝倉田一族〟という共同体から見れば同じ効果を得ようとしたと見なすこともできるわけです。身内、親族というくくりで見るならば倉田市長のケースも「4年の任期」という利益を身内で分け合おうとしたと見なせ、やはり同法の立法趣旨に反するだろうと、わたしなどは考えます。

なお、クロス選について「政治は駆け引きなのだから、こんな手法も許される」と維新を積極的に擁護する評論家もおられます。ですが、「法律に書いてないことはなにをやってもええやん」と考えるのは、やはりどこかヘン。そんな政治家は遵法精神などクソくらえで、どこまでいっても民主主義なんか守りません。こんな政治家の存在を許している限り、そのとばっちりはいずれ有権者が受けることを理解しなくてはいけません。

## 無所属で市長選に挑んだ柳本顕さん

一方、負けた小西禎一《ただかず》さんと柳本顕《あきら》さんです。今回の選挙はよーいドンとスタートラインが決して同じでないにもかかわらず、おふたりはよく頑張ったと思います。とくに柳本さんです。柳本さんは今夏の参院選の自民党公認候補を辞退し、この市長選に自民党、公明党府本部の推薦を受け無所属で出馬した。今回の選挙に出なければ、かなりの高確率で参院議員に当選したことでしょう。

参院選出馬を蹴って市長選に出るという決意は、わたしたちが考える以上に「超」がつくほどの重圧であり、その決意に応えられなかった自民党の罪は決して軽くありません。完全な戦略ミス。選対本部の皆さま。あんたら全員、万死に値します。

わたしは選挙戦の終盤にフェイスブックで、「この選挙の結果でこれからの大阪が進む方向が決まります。自公が勝てば、維新が勝てば、それぞれの行政と政治が少なくとも10年間は続くと予想しています。どちらに転んでも、それがひとつの民意です」と書きましたが、選挙は見事に維新が勝ちました。

とくにネット等における両陣営の広報戦術ですが、これは物量、質ともに維新が圧勝していました。このあたりは維新が強い。圧倒的に巧みで、かつ強い。かれらはプロパガンダ（政治的宣伝）の手法をよく研究しています。

一方、自民陣営はダメ。まったくダメ。話にならん。両候補のスケジュールを無機的に伝えるだけで小西禎一、柳本顕の両候補の思いが伝わってきませんでした。維新陣営の主張に対する論理的な反論がゼロ。いったい誰が選対本部の〝司令官〟ですか。負けたかったのでしょうかね。むしろ一般の方たちのほうが頑張っていた。「自民党の敵は自民党」というわたしの持論は、こういった側面にも現れています。

ところで、反維新の皆さんに2つお願いしたいことがあります。ないとは思いますが、1つは吉村さんと松井さんが勝利したことをもって2人や維新を悪しザマに罵らないでほしい。そんな悪口など「今日はこのへんにしといたるわー」という負け犬の捨てゼリフでしかない。大切なことは「負けの美学」です。勝負は時の運ですから、勝つときもあれば負けるときもある。悔しまぎれに相手をけなすなんて愚の骨頂。ここは潔く負けを認め、かつ敵の健闘を称え、そして次の勝負の糧にする。これが勝負における「正しい負け方」です。

2つ目は、今後は維新や大阪の政治を丹念に見守り、ときに批判すべき点があれば客観的な事実を示すことです。言うまでもなく批判は悪口ではなく、民主主義を守り政治を軌道修正させるために必要な手続きです。本来、これはマスコミの仕事ですが、正直なところ関西のマスコミは頼りない。信頼できん。ならば、わたしたちが批判的な視点を忘れずに政治を見守る。それが明日の大阪の明るい発展につながると信じます。

主役は政治家ではありません。わたしたち1人ひとりが大舞台の目立たぬ主役なのです。それを忘れずに、さあ明日から前を向いて笑顔で進みましょう。

## 維新とは何か。もはや立派な既成政党「ネオ自民党」

今回の統一地方選で、維新はダブル選で圧勝のほか、府議会でも単独過半数を獲得しました。逆に自民党は惨敗。府議会と市会の議員団で幹事長2人を落選させる始末。自民党大阪の衰退は覆い隠せません。この結果を受け、おそらく公明党は維新と再び手を結ぶでしょう。トコーソーは一気に進み、住民投票は必ず実施されるはずです。

さて、選挙結果を見ながら、あらためて「維新とは何か」についてざっと考えてみました。

結論から言えば、もはや維新は新興勢力ではありません。りっぱな既成政党です。自公共立を敵に回して圧勝するほど強固な支持基盤を有しています。また結党から10年近くも経ち、かつ府議会で単独過半数、市会で第一会派の座にいるのですから、勤め人なら中堅クラス、政党なら既成政党と呼んで差し支えないレベルでしょう。では維新が既成政党なら、有権者はなぜ同じ既成政党である自民党大阪を支持しなかったのかというギモンが残りますが、これはのちほど。

維新は「改革」を訴えるから新しいタイプの革新政党のように見えますが、わたしの考えは違います。公立高校の廃止や統廃合、文化事業への突き放した態度を見ると公明党の福祉重視や共産党のような左派とも似ていない。それどころか、万博やIR・カジノの誘致といった公共事業型の景気対策を推し進めるあたりは自民党の体質に近いのです。国政の自民党も保守の看板を掲げながら小泉郵政改革や省庁再編、働き方改革などを進めてきた〝改革政党〟でもありました。このあたりが、改革を口にする一方で「高速料金1000円政策」などバラマキ政策を推進してきた政権政党当時の民主党とは違うところで、もちろん共産党や立憲民主とも異なる点です。

維新とはつまり、自民党が変異した〝ネオ自民党〟ではないかと思うのです。

国政を見渡せば、モリカケ問題や各大臣による数々の舌禍事件、また財務省では公文書改ざん問題を起こしながら安倍晋三政権の支持率は下がりませんし、依然として自民党の支持率も高い。大阪で維新に人気があるのも改革政党だからというより、安倍政権や国政自民党に人気があるのに通じるものがあるのでしょう。日本の国民というのは、つくづく自民党や自民党的なものが好きなのです。

## 対して自民党と公明党とは

そこで次のギモンは、だったら自民党、自民党的とはいったい何か、です。

善し悪しは別として大勢の意見に流れ、自分と関係のないカネの話にも敏感に反応し、ワイドショーが取り上げる事件が好き。福祉や社会的弱者には関心があるようで実は薄い。これが「自民党的なもの」ではないかという気がします。いわば小市民的感覚です。

もちろん自民党も「改革」を訴えて革新的なイメージをときに演出しますが、よくよく考えれば、これらは小泉改革に代表されるように世間から注目を浴び喝采を得ることが大半でした。維新のトコーソーも似ています。この政策が出てきた当初から、自党の新鮮さをアピールするための道具として使われてきた側面があるからです。ただし、もし維新がネオ自民党で大阪の政治を牛耳ったのなら、かつて自民党大阪がやらかした同じ失敗を繰り返す可能性があります。いまから20年以上前に大阪府と大阪市は湾岸開発に代表される大型公共事業に投資し、その後、共に大借金を抱えて財政が傾きました。当時、自民党をはじめとして議会も後押ししています。破たんの原因はバブル崩壊と需要予測を読み誤ったからで、これを府市の二重行政の責任だとしている限り、いずれ維新も同じ過ちを犯すでしょう。

もっとも、その答えが出るのはまだまだ先。はっきりするのは2025年の大阪万博後かカジノ誘致に成功した数年先あたりでしょう。その間、大阪の人たちは〝ネオ自民党〟への期待を持ち続けるでしょうし、〝本家〟の自民党大阪が勢力を盛り返すとすれば、そのずっとずっと先だと予想しています。

また公明党大阪本部は今回の統一地方選の結果に、大きなショックを受けています。知事選と市長選で維新にダブル当選を許したばかりか、大阪市会では公明党の現職が1人落選したからです。最強を誇った大阪での創価学会の組織票も、いまの維新の前では無力でした。

一方、公明党本部は、勢いに乗った維新と真っ向からぶつかるのは得策ではないと考えているはずです。衆院選の大阪選挙区で維新に刺客を立てられたらアウト。公明党の候補者は全滅するかもしれないからです。なので、ダブル選が終わった翌日に朝日新聞が「橋下徹氏、公明への『刺客』擁立を示唆　次の衆院選で」という記事を掲載しましたが、橋下さんが「刺客」どーたらと言う前に、公明党は「保険」を片手に維新と再交渉をはじめるでしょう。結果、住民投票の可能性はいっきに高まります。なお、「保険」の説明はのちほどに。

## ツラかった「大坂の陣」と「関ヶ原」の二面性

今回の大阪ダブル選挙と府議選、市議選は4月の大阪でおこなわれたことから、これを「大阪春の陣」などと表現することがありました。言うまでもなく、戦国時代最後の合戦「大坂の陣」（1614〜15年）と現代の選挙戦とを重ね合わせて表現したものです。歴史の「大坂の陣」は徳川勢と豊臣勢が雌雄を決した戦いで、大坂城を中心に「大坂冬の陣」と「大坂夏の陣」の2つの合戦が繰り広げられ、最後は徳川が圧勝し豊臣家は滅亡。この武力的政治闘争を境にして徳川の長期政権がスタートするわけです。

ひるがえって現代の「大阪春の陣」。だったら、誰が徳川勢で誰が豊臣勢に置き換えられるのか。わたしだけでなく、おそらく誰の目にも徳川は維新の会、豊臣家は自民党として映るでしょう。国内を平定した豊臣秀吉（自民党大阪）に代わり、かつて秀吉の家臣だった徳川家康（維新）が力を握って豊臣家を一気につぶしにかかった。この歴史的な戦乱を今回の「大阪ダブル選」「統一地方選」と比較すると、確かに似ている点があることに気がつきます。

たとえば2011年4月の統一地方選以降、維新が自民党に取って代わって大阪府政、市政を牛耳りましたし、この4月7日の投開票で自民党大阪はコテンパンにやられ、維新に大阪政治のハンドリングを完全に奪われました。徳川家が豊臣家に取って代わった史実とそっくりです。

他にも似ているところがあります。たとえば京都方広寺の「鐘銘事件」です。この事件の中身は皆さんで調べてもらうとして、早い話が、家康が豊臣家に難クセ、イチャモンをつけてケンカを売り、これがきっかけで冬の陣が起こったのです。

現代版「鐘銘事件」も確かに起こりました。「大阪戦略調整会議（大阪会議）」での混乱です。維新が「大阪会議ではなにもまとまらない。ポンコツ会議だ」と罵った問題です。この会議の議事録をよく読めばわかるのですが、維新はスタート早々から自民に難クセをつけて会議は大荒れし、結局、15年7月末のスタートからわずか2カ月で流会になりました。住民投票で一度は否決されたにもかかわらず、この問題が発端でトコーソーの再チャレンジの必要性を維新が訴え、同年11月の大阪ダブル選挙の勝利でトコーソー議論が本格的に再始動したのです。

まだあります。当時の豊臣家は関ヶ原の戦い（1600年）以降は軍事力が細り、そのため大坂の陣では諸国から浪人を呼び集めて兵員を増強しました。この中には真田幸村や後藤又兵衛など戦国のスター武将がいたのはご存じのとおり。で、今回のダブル選も自公に加えて共産、立憲、連合大阪などが参戦（共産は自主的支援、立憲は自主支援）し、あたかも諸国から浪人を集めた様相でした。これもそっくりです。

ただし、自民党大阪の選対本部に真田や後藤のような軍師、戦略家が見当たらなかったことは大きな違いでした。統率も戦術もなく、いきあたりばったりだったという選対本部批判がわたしの耳にも届いていたほどです。

もっとも、軍師がいなかったどころの騒ぎではなく、フタを開けてみれば自民党の支持者の多くが維新に寝返って票が流れる体たらく。この驚くべき現象は大坂の陣というより、関ヶ原の戦いで西軍（豊臣方）に加担していた小早川秀秋が東軍（徳川家）に寝返った史実に似ています。秀秋は豊臣秀吉の甥っ子。まさに自民党支持者のポジションです。このように現代版「大阪春の陣」

は、史実「大坂の陣」と「関ヶ原の戦い」をミックスした印象も受けます。

では、今回のダブル選は最後の戦いである「大坂夏の陣」で、これで徳川家（維新）の安泰が続くかというと、そうとは言えない。最終決戦である「大坂夏の陣」は、今回の統一地方選やダブル選ではなく、トコーソーの賛否を決める住民投票だろうというのがわたしの見立てです。その住民投票、ヒジョーに高い確率で年内には実施されるでしょうし、ここで戦うのは政治家ではありません。わたしであり、皆さんです。皆さんこそが現代版「大阪の陣」に出陣する武将です。賛成派の家康や秀忠であり、反対派の秀頼、幸村や又兵衛なのです。

ただし、最終決戦はかなりキツイ。世論の多くはトコーソーに賛成、マスコミは維新びいき。真田丸がなければ大坂城の外堀も埋められたようなもので、正直、反対派は圧倒的に不利です。それでも再び反対多数になる可能性はゼロではありません。今後、効果的で広範囲な世論への訴えがあれば反対派が勝つかもしれない。大坂城、すなわち政令市・大阪を守れるかもしれない。最後の最後になって史実の「大坂の陣」と異なる歴史を作るのは、わたしたちの戦い方と決意次第なのです。

このように3回目のフェイスブック連載に書きましたが、「住民投票について都構想反対派は、キチンとした戦略を立てる必要があるのだが『効果的で広範囲な世論への訴え』をどうするのか？」といったコメントがありました。もう一つ、「松井市長が住民投票は年内（２０１９年）に行わないと明言していて、法定協議会も問題点を解決できないので引き伸ばし作戦をとる。万博や、公約の虐待防止や各公共施設などの営利企業への売却で一度大阪都構想を大阪市民に忘れさせるのではないか」という指摘がありました。
なるほど、一理あります。でも甘い。住民投票はそれほど遅くない時期に実施されるでしょう。そこでです。住民投票で勝つ方法があるとすれば、住民投票をさせないことです。ケンカに勝つ方法はケンカをしないこと。これが一番簡単で確実です。では、どうやって？

## 「住民投票」をさせないためには？

維新は大阪市会で単独過半数を持っておらず、そのため法定協議会で協定書が作成されても市会で蹴り飛ばせばアウト。その瞬間、住民投票は実施されません。そのカギを握るのは公明党。公明党が「維新に日和るか日和らないか」で住民投票の実施か否かが決まります。２００万人以上の大阪市の有権者を相手にするより、数人の公明党大阪本部の執行部を説得するほうが時間も手間も省けます。ただし、これはあくまでもリクツの上での話です。いまのところ公明党が日和る可能性はヒジョーに高い。その高い可能性を低くするには公明党執行部を説得できるキーパーソンを見極めることです。そのキーパーソンとは「人」に限りません。社会環境、世論、その他もろもろ一切を含みます。

ただ「４年の任期中に協定書をまとめればよい」なーんて維新がのんきに考えているわけがありません。６月か７月から法定協が再開され、少しはギロンしたように見せかけて年内には必ず協定書をまとめ住民投票へと一気に突っ走ります。わたしが維新なら必ずそうします。勝って勢いがあるときに敵を徹底的に叩きつぶすのが勝負の鉄則。「待ってくれる」「熟議を期待」など甘い考えでいると痛い目にあうでしょう。逆に言うと、甘い考えでいるから負けるのです。

毎日新聞が早速報道していましたが、松井一郎市長は4月9日、就任あいさつで市会各会派を回りました。8日の就任記者会見では、大阪都構想について丁寧に議論を進めるとした一方、公明党の協力を引き出そうと次期衆院選で「戦う準備がある」とも発言しました。こうした揺さぶりに、市長と面会した公明市議団幹部は取材に「ノーサイドではない。都構想はガチンコだ」と妥協しない方針を示しています。さて、ガチンコ対決になるのでしょうか。

## YOUはどうして維新に票を？

もう7年前になりますが、テレ朝の「朝まで生テレビ！」に出演し、大阪府知事から大阪市長になったばかりの橋下徹さんと論戦したことがありました。橋下さんと向きあうのは精神科医の香山リカさんや共産党の山下芳生《よしき》参院議員、帝塚山学院大学の薬師院仁志《ひとし》教授に元大阪市教育委員長の池田知隆さん、そして柳本顕さんとわたし。批評家の東浩紀さんは橋下さん側に座っていました。

時代は橋下人気が絶頂期のときでした。ネットでの評価は「橋下無双」とか「無能な反対陣」とかで、おおむね橋下さんの勝利といった感想が多かったようです。薬師院さんなんか「チラシ院」なんて酷評され、かれが勤務する大学まで抗議の声が寄せられたという話までありました。

で、この討論のあとに米ウォール・ストリート・ジャーナルのインタビューを受けたのですが、そのときわたしは「橋下さん個人をどう評価するより、橋下さんの人気を支える社会の分析のほうが大切だろう」と答えたことを覚えています。この思いは今回の統一地方選でより強くなりました。いえ、口の悪い橋下さんがナゼ人気があるのか、かれの秘密を社会に求めることではありません。大阪維新の会を受け入れる社会の「解剖」です。維新という政党の分析も大切ですが、どうして大阪の人たちは維新が好きで票を投じるのか、かれらの心理の奥にあるものとはナニか、こちらを探ることのほうが重要だと思うのです。テレビ的に言えば「ＹＯＵはどうして維新に票を？」です。

維新が掲げる「大阪都構想」のインチキぶりは専門家から散々指摘され、選挙中も「大阪市はなくならない。なくなるのは大阪市役所と市会だ」という幼稚なリクツを並べ立てていましたが、開票してみれば維新の圧勝。逆に「それは違う」と訴えていた自民党などは大幅に議席を減らしてしまいました。この現象を見て「大阪の有権者はアホだバカだ、愚民だ」と罵るのは簡単です。が、罵ったところで不満のはけ口にすぎず、結局なにも見えてこないのです。

わたしたちが維新の政策を批判し、「クロス選挙は脱法行為」だと非難し、また「トコーソーの矛盾」を突いても支持者は馬の耳に題目、いや念仏。かえって維新への信頼ときずなを深めるだけでした。つまり「わたしたちが見る維新」と「支持者の目に映る維新の姿」はまったく別もの。支持者にとってトコーソーは、どこまで行っても大阪の〝救世主〟。見えている世界が違うのなら、ギロンがかみ合わない理由もなんとなくわかるというものです。

近代民主主義国家において政党と政治家の存在は有権者の意識に支えられています。自民党にしても維新にしても支持する有権者が多いから選挙に強く支持率も高いわけで、ならば維新の強さを知るには支持者の意識を知らないとなにもわかりません。

わたしは本文17ページで、「維新とはネオ自民党であり、日本人は自民党的なものが好きなんだ」と書きました。内閣の不祥事が起ころうが自民党国会議員がバカをやらかそうが、内閣と自民党の支持率は依然として高いまま。こうなると内閣や自民党の問題ではなく、もはや日本人の意識の問題。「日本人よ、お前は何者なんだ」というわけです。

維新の強さと人気も同じで、コアな支持者にとどまらず、大阪府民と大阪市民全体の意識を探る以外にホントの理由はわからないでしょう。精神科医のエーリッヒ・フロムの名著『自由からの逃走』のような社会学・心理学的なアプローチが必要だろうと思います。別の見方をすれば、支持者の意識がわかれば自民党や維新の弱点と限界がわかるかもしれない。もっとも、探った結果のタイトルが「YOUはどうして維新に票を?」ではお笑いかと勘違いされそうですが。

衆議院議員
大阪府連
代表
国民民主
平野
衆議院議員
大阪府連
副代表
立憲民
尾辻
連合大阪
会長
山
大阪再生の会
会長
坂
部落解放同盟
大阪府連
執行委員

# 2 ネット社会・ＳＮＳと大阪維新の会

## 文章を書け！　アタマを鍛えろ！

文を書くのは簡単だ。話すように書けばいい——。たまーに、こんなことを堂々と述べる御仁がおられます。ですが、これ完全に間違いです。自分が話したことをＩＣレコーダーにでも吹き込んで、それを文字に起こせばわかります。たぶん、まともな文章にはなっていない。どれが主部で述部はどこか、この形容句はどの部分にかかるのかなどなど、さっぱりわからないはずです。

話すことと文章を書くことは、「外界に対する意思表示」という意味ではともに同じです。ただし、これら2つの作用は脳の中では別の細胞による働きです。言葉を話すことができれば必ず上手な文章も書けるわけでないのは、日本語を話す日本人全員が名文家でないことを見れば明らかでしょう。

日記を含めて文章を書くというのはアタマの整理だと思っています。混とん、ばく然とした感情や情念、情景を文字という記号を使って外部に発する。その文字の集合体が文章ですが、その文章を書く過程で論点が明確になり、なにが大切でなにが大切でないかがアタマの中で整理されてくるのです。わたしは毎朝の日課として、ふと思いついたことや新聞記事などの感想、論評を文章に書き起こしています。朝のウォーキングで足腰を鍛えるようにアタマの思考回路を鍛えるわけです。アタマの悪いわたしでも毎日やっていると、なんとなく文章に格好がついてくるから不思議なもの。世の中やモノゴトをどう見るかという視点まで定まってくるからありがたい。

一方、ＳＮＳでは様々な人の文章があふれています。たわいもない日常のことを書いてみたり、政治や社会を斬ってみたりと内容も様々です。ただ、文章が上手く、ウィットやパンチの効いた表現のできる人は滅多にお目にかかれない。ツイッターで政治家が政治を語るにしても、なにが言いたいのか、なにが論点でどこか批判なのか、感想なのか愚痴なのか、さーっぱりわからない事例がムダにあふれています。

文章の訓練は文章技術の上達だけでなく、世の中の出来事を冷静に見つめ、ネットに氾濫するウソやデマ、マスコミ報道のギマンを見極められる素晴らしいテクニックにつながると思っています。なお、上手い文章とはわかりやすい文章のことです。難しい漢字や難解な言い回しを使うことではない。だれが読んでもアタマの中にすぅーっと入ってくる文章こそが上手い文章だと思っています。つまり、筋の通った論理的な文章です。

名文を書く必要もありません。小説家が書く文章は独特の文体が多く、あれは天性のものです。凡人がマネしようとしても逆立ちしたって無理。凡人はボンジンらしく、わかりやすい文章を書くことを日々心がけることです。また別の見方をすれば、下手な文章、日本語にならない文章しか書けない人はアタマの中が整理されておらず、視点や思考の軸が定まらないと言えるかもしれない。こんな人はマスコミや政治的アジテーションに流されやすいので注意が必要です。とくに大阪の人は、「改革」の名を借りた〝トコーソー政党〟が大手を振って歩いているので、なおさら文章力を鍛えて強固な視点と鋭い感性を磨きましょう。

## そこはアマチュアだから、と許されない

ツイッターやフェイスブックなどＳＮＳを対象にして、短文を寄せたり長めの文章を書くというのは、読者に新たな視点を与えて共感を呼んだり感動させたり、ときに勇気を与えることがあります。それとは逆に怒らせたり呆れさせたり、内容の薄さや支離滅裂さからバカにされることもある。日記は違います。こちらは非公開ですからなにを書こうが自由。それこそ文法など気にしなくても自分がわかればいいし、極端な話、数字の羅列のような暗号でも構わない。ただ、公開を前提に文章を書く場合は素人だろうがプロの書き手だろうが、一定のルールやモラル、そして臆病さが必要だろうと思うわけです。

記事を書くというのは恐ろしいことです。とくにプロの場合はなおさらです。

わたしも写真週刊誌の記者時代、自分が取材したスキャンダル記事で、日銀の某支店長だった人を無職に追い込んだことがありました。もともとは某支店長の女性スキャンダルが発端だったとはいえ、この記事が原因で再就職ができなくなったのです。ひとりの人生を狂わせたことは間違いなく、そのことを後に知って大きなショックを受けたことを覚えています。果たして、あの記事を書いて良かったのかと、それからしばらくは自問する日々が続きました。以来、書くことには慎重になっています。もちろん、ときに厳しい批判を繰り返しますが、同時に再批判を受ける覚悟もしています。

一昨年からツイッターでの書き込みをやめていた理由は、匿名の影に隠れて言いたい放題の人たちが増えたからです。言いっぱなしで責任を負わない組織や個人が増え、結果、ツイッターは

デマと悪意に満ちた言論空間と化したことに嫌気がさしたからです。「匿名でないとホンネは言えない」としてツイッターの存在価値を認める人は多いのですが、「匿名の告発」と「根拠のない罵詈雑言」とは違うでしょう。ツイッターでも実名でデマを蹴り飛ばす人もいますが、正直わたしにはシンドイ。世の中に訴えたいことがあれば、まずは新聞や雑誌、ラジオを通じ、それでも足りない場合は文字数に制限もなく名前も明らかにするフェイスブックを利用しています。

プロは大手メディアで記事を書く場を与えられ、一般人にはそれがない。だからプロと素人は違う、という意見は当然あると思います。確かに読者数と影響力の差は歴然とあるでしょう。ですが、ツイッターやフェイスブックといったSNSにおいて、プロもアマもトーシローも本質的な差はないと考えます。とくに評論や批判の場合はなおさらです。根拠もなく人や組織を罵倒して社会的な評価を下げれば、素人だって名誉毀損と損害賠償請求の対象になる。文章の上手いヘタとは別問題です。

某日、某維新支持者の方が主催するフェイスブックのページに載せた記事をわたしが取り上げ、徹底的に批判しました。その書き込みは「『大阪市はなくなる』とか情緒的なことしか言わない反維新連合」という短いものでした。この方はプロの書き手ではないようです。でも、そのページの読者数の多さから見て影響力は無視できないと考え、あえて批判しました。書き込みにあった「反維新連合」がどのような実体かは不明ですが、この意見に同調される維新の支持者は多いと思います。どのような根拠かは不明ながら「大阪市はなくならない」と信じている人も少なくないからです。けれど、これが完全に間違っているのは専門家も指摘済み。こんな主張がまかり通ると、大阪市廃止構想、すなわちトコーソーが誤ったイメージで伝わります。しつこいようですが、だから批判したのです。情緒の問題ではなく論理の話だからです。

その後、そのページの主催者の方はわたしの批判に反応し、「自分は素人なのに、どうしてプロが文句をいうのか」といった趣旨のグチをこぼしていました。けれど、読者数が何人であろうがSNSという公開の場において評論や批評、批判の文を書く以上、そこにプロと素人の差なんてありません。プロか素人かという個人の職業や属性が問題なのではなく、書かれた内容こそが問われるのであり、書かれたものはひとつの独立物として批判の対象になるのです。皆さんもSNSで政党や政策、政治家を批判、批評をすることはあると思います。ですが、書く以上は「素人だから、これくらいは許されるだろう」といった甘えは捨てることです。本来、返り血を浴びる覚悟がないと人やモノゴトを批判する文章など書けない。書くという行為は、皆さんが想像するより怖いことなのです。

## 市民を分断するゾーオ増幅器のツイッター

短文投稿サイトのツイッターは、かなり以前から「バカ発見器」と呼ばれています。たしかに、あれはバカを見つけるには手っ取り早い。コンビニや食を扱う店のアルバイト店員が食べ物を粗雑に扱ってみたり、食材や食器を置くまな板やテーブルの上に身体ごと乗って遊んでみたり、しかもご丁寧にそれを写真で投稿する。結果、ツイッターは大炎上。騒動を知ったメディアが騒ぎ、雇い主が謝罪するというのがお決まりのパターンで、中には閉店に追い込まれた店まであるから哀れです。

ツイッターでバカをやっている連中は、なにをどう書けば大騒ぎになるのか、その想像力が決定的に欠けています。書いていいものと、アタマの中で思ってはいても胸のうちに秘めておくべきものの区別がつかない。ごく普通の常識を持ち合わせている人間なら自然と区別がつきますが、区別がつかないからバカと呼ばれるわけです。もっとも、このバカは減るどころか増えているから日本の将来も危なくて仕方がない。

ツイッターが「バカ発見器」なのに加え、わたしは「ゾーオ（憎悪）増幅器」と名づけたいと思います。敵視する人物や組織を口汚く罵ることで、人々の不平不満に訴える。最近はそんな効果を狙った投稿が目立つからです。特定の対象を罵ることで、日ごろ、何らかの文句やストレスを抱えている人たちは「そーだ、そのとおりだ」「さすが〇〇さん」と大はしゃぎ。その投稿をリツイートすることで憎悪の連鎖がさらに拡大していく。これが「ゾーオ増幅器」のキモですが、想像力に欠けるバカが非常識な投稿で炎上するのと異なり、こちらは確信犯的にやっているから始末に負えません。しかも、バカ発見器はどいつがバカかを見つけ出し、バカ本人や店が謝罪することで幕を閉じますが、ゾーオの方は謝罪するどころか本人が英雄視されたりする。こうなると、まだバカのほうが可愛く見えてくるから不思議です。

では、誰が人々の憎悪感情をあおるかというと、だいたいが政治家か元政治家です。それらの投稿のピークは選挙の前後が多く、憎悪をあおって敵と味方とに分断し、自陣営を正当化することで票につなげようとする浅ましい魂胆が見え隠れしています。

大阪維新の会の代表で大阪市の松井一郎市長はかつて、記者会見かなにかの席で「大阪都構想の住民投票で市民が分断されたと反対派は言うけれど、なにが分断されたんですかね。そんな事実はありますか?」と話したことがありました。ですが、「分断」とは大阪市の一部地域が物理的に割れたり、市民が2つの陣営に分かれてデモをしたり市街戦を繰り広げることではありません。精神的な「分断」というものは確かに存在し、夫婦や親子、兄弟が、あるいは友人がトコーソーの賛否をめぐってバトルし、感情的なシコリを残して分かれる場面などあちこちで見聞きします。

もちろん民主主義にとって討論や議論は必要で、これらもその一環とみなされるでしょう。ですが、討論をするには前提として冷静さが求められ、正確な情報と事実をもとに議論するわけです。相手に対するリスペクトも不可欠です。ところがトコーソー議論の場合、まず第一に詳しい中身を知る市民は少ない。「知っている」と思い込んでいても、その多くは賛成派と反対派が運営する、バイアスのかかったサイト情報からの知識に限られる。これでは、どこまでいっても平行線。さらには、一部の賛成派と反対派がツイッターで書き込む内容は事実の提示というより、むしろ敵対する政党や政治家を罵ることが目立ち、これに反応する人々は憎悪の感情をよりたぎらせるわけです。

トコーソー賛成派の方が「分断なんてない。わたしのまわりの反対派とも友だち関係は壊れていない」といった書き込みをたまにツイッターやフェイスブックで見かけますが、それは事実の一部です。いまの大阪市民はトコーソーに賛成か反対か、それとも無関心かの3つに分かれ、前者の2つの間では目に見えない冷たい戦争が続いているのです。だいたい松井さん自身のツイッターを読んでみても、政敵をバカにしたり批判する場面が目立つ。これ、たぶんわざとです。わざと人々の憎悪感情を醸成させることで維新陣営の支持を集め、反対する勢力の力を削ごうとしているのだと思います。

大阪ダブル選の投票日の3日前のことです。大阪市港区の某商店街で〝桃太郎〟(幟を立てて練り歩く選挙運動)していた松井候補と遭遇。「松井さん！」と声をかけると一瞬、かれの顔が引きつったように見えましたが、わたしから手を差し出すと互いに握手。握手しながら「いつもオレの悪口を書いてくれてありがとう」と〝礼〟を言われました。なになに、それはお互い様。礼を言われるほどじゃーございやせん。悪口と批判は違います。わたしはジャーナリストですから政策や政治的言動を批判しますが、基本的に人の悪口は言いません。伝言のつもりでフェイスブックにそう書き込んだのですが、松井さん(およびスタッフ)は読んでくれたのでしょうか。

悪口や憎悪感情をあおる書き込みも情報戦での戦術と呼べるのでしょうけど、まずはツイッターが「ゾーオ増幅器」であることを見抜かないといけない。その眼力があれば政治家のヘタな扇動に踊らされることもない。ツイッターで遊んでいるつもりが、いつのまにか遊ばれている。読んでいる人までバカになってはいけません。

## 立場を乗り越えた新たな基軸を

わたしは先ほど、ツイッターを「バカ発見器」に加えて、新しく「ゾーオ増幅器」と名づけろと書きました。政治家や元政治家がツイッターで政敵や反対勢力を口汚く罵ることで、人々の不満や悪感情をたきつける。その感情をうまく利用して自陣営の支持を高めようとする。これがツイッターが持つ悪しき「ゾーオ増幅器」的側面だと指摘したわけです。

では、意図的に読み手の憎悪感情をあおるといった、悪意のある者たちによるツイッターの利用法に抗うすべはあるのかと問われれば、まずはツイッターを止めるのが一番です。最初から読まなきゃ腹も立たないし、憎む相手もいなくなるからです。とは言っても、いまの世の中、大半の人たちがスマホを持ち歩き、そのスマホにツイッターなどSNSのアプリが入っている。こんな現状では、「止める」という主体的な行為を続けるのは難しい。止めても、また読みたくなるのが人情というものでしょう。

では、対抗する方法はゼロかというとそうでもない。ツイッターを積極的に読みながら「ゾーオ増幅器」を克服する手はあると思うのです。その1つは、あおられて敵と味方に分かれてしまった人たちが対話をすることです。「なーんだ」とがっかりする人は多いでしょうが、この地味でシンドイ作業こそが健全な民主主義を築くうえでとても大切なことなのです。

たとえば、いわゆる大阪都構想です。この言葉は大阪維新の会の政治的用語なので、わたしはあえて「トコーソー」とか「大阪市廃止構想」とか書きますが、まあ、それはどうでもいい。いま大阪は、先日の大阪ダブル選と統一地方選とで維新の会がボロ勝ちしたことで、このトコーソーの実現の可能性が一気に高まってきた。高まってきたのに賛成派は余裕しゃくしゃくどころか、いまなお政治家のあおりに便乗して反対派を罵っています。ですが、憎悪感情をヒートアップさせたところでトコーソーが実現しても計画どおりに進むとは限らない。あとで「しまった」と後悔することにもなりかねない。一方、反対派にしても「うまくいくはずがない」と冷たい目で眺めていても、じつはうまくいく可能性だってゼロじゃない。案外「トコーソー、ええやんか」となるかもしれない。

ホントのところは当の政治家も有識者もジャーナリストもわからない。青写真しかないのですから、実際に立ち上げてみるまでは何も見えず、いまは賛成派と反対派の双方が可能性の一端のみを語っているのが事実だろうと思います。もちろん、反対派のわたしもタイムマシンに乗って未来を見てきたわけではありません。様々なデータや推論から導き出されたトコーソーは、きわめて高い蓋然性で人々にメリットをもたらさないので反対しているのです。

そこで、神様じゃないとわからない未来をあーだこーだと言う前に、まずはトコーソーに賛成派と反対派の人々が集う、いわば「市民協議会」みたいなものを開けばどうでしょうか。賛成とか反対といった立場を乗り越え、互いに胸襟を開いて話し合えば、まずは共通で見えるものが出てくるかもしれません。ただ、市民協議会を開くにしても最初から「〇〇の会」なんて大げさにやったところで長続きはしませんし、人が多くなるほどどちらがイニシアチブを取るかで絶対にもめます。ケンカ別れすると互いの憎悪はさらに煮えたぎり、ますます精神的分断が広がるだけ。だからこそ、やるならやるで慎重に進めないといけません。

最初から大規模である必要は全然ありません。数人からスタートし、場所は居酒屋でもいい。2、3人の顔見知りが集まり、あーでもないこーでもないと酒を飲みながらワイワイとやればいいのです。そのうちそんな集団が自然発生的にあちこちにでき、時期が来れば1つの輪にまとまるかもしれない。一部のエキセントリックな人たちを除き、賛成派でも反対派でも冷静にモノゴトを見る方は大勢いますから、そのような人たちから細々と始めればいいのです。そんな地道な市民的作業が民主主義には必要なのです。

ひるがえって、賛成、反対を超えた市民たちの集まりを誰が一番嫌がるかと言うと、ツイッターで憎悪感情をあおり立てる「政治家や元政治家」たちなのです。繰り返しになりますが、かれらは市民の分断を意図的に狙っており、味方と敵を作り上げ、意図的に分断を演出することで自党の勢力拡大につなげている。そんなかれらにとって、賛成派と反対派の市民がなかよくワイワイという姿ほど嫌なものはない。政治家は有権者から選挙で選ばれます。有権者の意識がその支持率を高めたり低くしたりする。政党や政治家は有権者の意識に規定されているわけです。つまり、わたしたちの意識がシンパだアンチだ、賛成派だ反対派だと分かれている限り、「ゾーオ増幅器」を巧みに利用する政治家たちは安泰なのです。

もはやプロの政治家だけに任せていると、市民の期待とは裏腹にとんでもない方向へと暴走しないとも限りません。市民そっちのけで党利党略が優先される可能性もある。そうさせないためにも賛成、反対の立場を乗り越えた市民同士の対話を通じて新しい政治的基軸を打ち出す時代になっている気がします。それが新しい明日の大阪に、きっとつながるのです。

## 記者は嫌われてナンボ？

橋下徹さんと初めて会ったのは2008年1月、かれが府知事選の出馬を決め、支援団体や支持者を回っているときでした。当時、写真週刊誌の記者だったわたしはカメラマンと一緒に橋下さんを大阪市内で取材し、別れ際に拙著『大阪破産』(光文社ペーパーバックス)を渡したことを鮮明に覚えています。05年の出版で、大阪市の負の遺産である旧WTCビル（現大阪府咲洲庁舎）に代表される第3セクターの経営破たんや、公務員と労働組合の厚遇問題を取り上げて大阪市のデタラメぶりを痛烈にあぶり出したものです。そのおかげか大阪市からは目の敵にされ、労組などは天敵あつかい。その大阪市と労組は、いまになってトコーソー問題でわたしに講演を頼んだり意見を聞きに来るのですから、時代の変化とは恐ろしいものです。

大阪府の再生を訴えていた当時の橋下さんに、大阪府と大阪市はかつてどんなヘマをしでかしたかを知ってもらうために進呈したわけで、読んでくれたか捨てられたかは知りませんが、これが橋下さんとわたしが知り合う最初の出会いでした。

次に面と向かって会ったのは同じく08年の初夏、大阪府の知事室でのこと。取材の内容は伊丹空港(大阪国際空港)の廃港問題。借金と経営難で地盤沈下ならぬ「海中沈没」の真っ最中だった関空(関西国際空港)を救うため、橋下知事は伊丹空港の廃港を訴えた。当時、大阪府は関空の株主でした。もっとも、これには国交省と伊丹空港周辺の都市は大慌て。世間も「えっ、なんで？」「過激すぎひんか」と目をむき、伊丹空港をひんぱんに利用するビジネスマンからもブーイングの嵐。そこで、ＡＢＣ朝日放送の情報番組「ムーブ！」（09年3月終了）のコメンテーターだったわたしが、「橋下知事に真意を聞く」といったテーマで取材に出向いたわけです。

さて、この取材で面白かったのは伊丹空港の廃港問題の取材より、知事室に入ったわたしを見て、橋下知事から「吉富さん。どうもありがとうございました」と礼を言われたことでした。一瞬、なんのことやらさーっぱりわからなかったのですが、しばらくして「ああ、あれか」とピンときた。この数週間前のこと、わたしが某新聞に書いたコラムで「橋下さんは戦略家だ」とホメあげた。府知事に就任後、大阪市の負の遺産である旧ＷＴＣビルを橋下知事が買い取ると宣言した直後のことで、知事の真意は将来の大阪府と大阪市の合併にあるのではないか、とコラムで推論したのです。昔から仲の悪い大阪市という〝敵〟に塩を送る橋下知事が将来の合併を見込んでのことなら、かなりのしたたかさ。「おぬし、戦略家よのぉ」と持ち上げたわけです。橋下さんの礼は、たぶんそのことだと察しました。

いまから思うと、もしかするとトコーソーの原型はわたしのコラムにあったのかと複雑な気分になりますが、それはともかく、当時は橋下さんとわたしは決して仲が悪かったわけではない。それどころか、かれが大阪市長選にくら替え出馬するときに某ホテルで開かれた記者会見で、記者クラブの記者たちの質問が終わったときと見計らい、壇上から「吉富さーん、なんか質問ないですかー」と気を使って名指しで聞いてくれたのです。そのとき遠く離れた後ろの席でうつらうつらしていたわたしでしたが、その場に100人以上はいた記者たちの視線が一斉に後方へと向き、ハッと目が覚めて大慌て。「あはは、今度聞きますわー」と答えにならない答えをして、終了後に知り合いの記者から「吉富さん、寝てたでしょう」と呆れられたのは懐かしい思い出です。

その後ですね、大阪市長になった橋下さんから「インチキジャーナリスト」と罵られたのは。わたしが、橋下知事時代の「大阪府財政再建は失敗だ」「トコーソーはインチキだ」と、本や雑誌、SNSで散々こき下ろしたので、とうとうアタマに来たのでしょう。「俺を理解してくれていたと思っていたのに裏切られた」という感があったのかなと想像します。でも、しゃーない。事実だから。ウソは書けません。

ただ、記者なんて商売は因果なもので、嫌われてナンボみたいなところがある。いくら親しい友でも、政治家や地方自治体の首長になれば批判の対象になってしまう。今回の大阪ダブル選挙で、もし柳本顕さんが市長に当選していれば、同じことをやったでしょう。柳本さんとは親しい間柄ですが、もしかすると友をひとり失っていたかもしれない。けれども、首相や大物政治家と親しいことをアピールする記者より、政治や行政を丹念にウオッチし、相手が誰であろうが批判を恐れない記者の方が国民にとっては有益であるのは間違いありません。

One Osaka!
大阪維新の会
日本維新の会
日本維新の会
大阪の成長を止めるな。
大阪維新の会

Curves
歩車分離式
FamilyMart
柳本あきら

# 3

# 大阪維新の会の躍進で「トコーソー」が実現?

## 「トコーソー」と「住民投票」。カギを握る公明党

維新の松井一郎さんと吉村洋文さんがダブル当選し、なおかつ府議会で単独過半数を取り、市会でも議席を伸ばして第一会派を維持できた事実から見えてくることは、維新はもはや風頼み、無党派層頼みの政党ではないということです。前にも書きましたが、維新は既成政党へと脱皮したのです。これは橋下徹さんの応援抜きで圧勝したことからもわかります。かつて維新の会は橋下さん人気もあり、「ふわっとした民意」に支えられて勝利を重ねてきました。だが、今回は違った。橋下さん抜きでの圧勝です。風頼みではなく、それどころか維新は以前に比べて支持基盤が盤石になった。維新には膨大な組織票が大阪に根づいたと見ていいと思います。

維新の勝因は様々でしょう。ダブル選を仕掛けたことで世論の関心を呼び起こし、その結果、投票率をあげて府議選と市議選で議席を伸ばしたことも一因です。さらに外国人観光客の増加で大阪の繁華街やホテルは儲かり、街に活気が見えたことも幸いしました。２０２５年大阪万博の誘致が成功したことも「維新のおかげだ」と考える人は多く、こちらも選挙で有利に働いたようです。

一方、維新に対抗した小西禎一、柳本顕の両候補者は、自公の推薦に加えて共産党と立憲民主党が自主応援に加わりました。通常、これだけの組織票が集中すれば圧勝は間違いないところですが、反維新陣営は足並みが乱れました。維新が「野合だ」と何度も繰り返すことで、これに同調する自公の支持者が増えたからです。実際、共産アレルギーの人は自民党支持者や公明党支持者

の中に多く、トコーソーに反対する理性的な理由より、「共産党憎し」の感情が勝ってしまったのです。このあたりは自分の足元を固められなかった自民党の戦術のマズさが目立ち、同党のオウンゴールに維新が助けられた部分があります。

おそらく今後、大阪は「ＩＲ・カジノの誘致」が決まるでしょうから、こうなると維新人気はさらにうなぎ登り。少なくも万博が終わりカジノが始まるまでの2期8年か10年くらいは維新の政治が続くだろうと予想しています。その間、自民党と公明党、共産党、立憲は多勢に無勢。しばらくは忍従の政治を強いられるはずです。

さて、そうなると気になるのが今後の大阪府政と大阪市政のゆくえです。とくに「トコーソー」はどうなるのかが最大の関心事でしょう。結論から言うと、トコーソー、いわゆる大阪都構想の住民投票が実施される可能性はきわめて高く、次は賛成多数になるだろうと思います。そのカギを握るのが公明党。公明党はいま再び、維新に歩み寄るでしょう。

公明党が維新にすり寄る前兆はありました。今回の選挙で公明党大阪本部は小西、柳本の両候補に推薦を出しましたが、党本部は出さなかった。なぜでしょうか。おそらく公明党本部は「保険」をかけたのだと思います。もし維新が圧勝すれば、維新は衆院選の大阪選挙区で候補者を出し、公明党とガチンコ対決するかもしれない。いまの維新の勢いでは公明党候補が落選することも大いに考えられることから、公明党本部は推薦を出さなかったことを手土産に維新とふたたび譲歩の道を探る。事実、統一地方選後に公明党本部は維新とガチンコでケンカする気配はない、とメディアでも伝えられていますし、公明党大阪本部もトコーソーには反対でも住民投票に反対とまでは言っていない。

その結果、いくら公明党大阪本部がトコーソーに反対でも、党本部から「住民投票までは賛成しろ。法定協議会で協定書の作成までは協力してくれ」と命令されたら従わざるをえません。2015年5月の住民投票では、それまでトコーソーにも住民投票にも反対していた公明党が突如として手のひらを返したように、残念ながら今度も同じ光景が見られることでしょう。

ところで、日本に住むコウモリはせいぜい全長10センチ足らずですが、世界最大と言われるフィリピンコウモリは全長が約2メートルと巨大なもの。一方、公明党の別名は「コウモリ政党」。同党が〝フィリピンコウモリ〟にならないよう、お題目をあげて祈念するばかりです。

## 「大阪市廃止」は間違いなし。「トコーソー」のウソ

いわゆる「大阪都構想」、すなわちトコーソーとは、大阪市を廃止して代わりに特別区を設置する制度です。根拠法は「大都市地域における特別区の設置に関する法律」(通称「大都市法」)。この大都市法の中に「大阪都構想」という5文字がいっさいないのは、「都構想」とは大阪維新の会が掲げる政策であり、法律上の言葉ではないからです。また、「都構想」も通称であり普遍的な用語でもない。さらに言えば、「大阪都」と名づけても「都」にはならない。「大阪府」を「大阪都」とするためには特別法の制定か地方自治法の改正が必要であり、いまのところ国においてその兆しは見えない。なので「都になれない大阪都構想」を、わたしは皮肉を込めて「トコーソー」と呼ぶことにしています。

ところで、統一地方選の前後で維新の会の松井一郎代表（大阪市長）や吉村洋文大阪府知事、また維新の議員らが「大阪都になっても大阪市はなくならない。住民や旧大阪市のエリアが消えるわけでもない。なくなるのは大阪市役所と大阪市会だ」と盛んに主張していました。結論から言えば、まっかなウソです。大都市法の「目的」の中に「関係市町村を廃止」と明記されており、「大阪市はなくならない」という主張は明らかな間違いです。はい、なくなります。

なぜ、いまさらわかりきったことを書くかというと、この基本的なことを押さえておかないと、この先のトコーソー議論も空虚なものとなり、賛成派と反対派が議論したところでどこまでいっても平行線で終わるからです。押さえるべきポイントはちゃんと押さえておこうよ、ということです。

「法律に書かれているように大阪市は廃止される。その代わりに特別区が設置されるから住民サービスは大阪市が存在したときと変わらない」ならば議論はできる。ところが「大阪市はなくならない」では前提が間違っているので話し合いの土俵にすら上がれません。

ところで大阪市とは「普通地方公共団体」であり「政令市」である。これは抽象的な概念です。一方「大阪市役所」や「市会」は大阪市の概念を構成する一部ではあっても、「大阪市そのもの」ではないのです。大阪市という抽象的な概念を実際に動かしているものは「行政機関」、すなわち市長や副市長、局長や部長、また一般職員、教育委員会や監査委員であり、その行政機関が入る箱が市役所という建物です。この建物がなくなれば行政機関もなくなるわけで、その瞬間に大阪市がなくなるのは当然のことなのです。

別の書き方をしてみましょう。東京都や大阪府、大阪市や神戸市、また豊中市や吹田市、あるいは千早赤阪村などの「都道府県」「市町村」を「地方公共団体」と呼ぶのはご存じの通りです。では、地方公共団体とはなにかというと、日本国内の一定の地域において、そこで生活したり働いたりする人がいて、それらを支配・統治する団体のことです。ちなみに法律上、地方公共団体は法人です。また地方自治体と呼ぶこともあります。

これを別の角度から言うと、団体（大阪市や神戸市、千早赤阪村など）だけが存在しても意味がなく、一定の地域と住人がいて初めて地方自治体と呼べるわけですし、地域と住人はいるけど自治権を行使する団体が存在しない地方公共団体もありえません。

大阪市の場合、大阪府のほぼ中心に約225㎢のエリアが存在し、そこに約270万人の住民が生活し、そして市民などのために様々な行政事務をおこなう大阪市役所と市会がある。この三者を総称したものが「大阪市」です。そうであるならば大阪市役所だけポツンと建っていて、でも地域も住人も存在しない大阪市なんてありません。あれば、異空間を題材にしたSF話です。また、地域と住人だけしか存在しない「大阪市」なんてものもない。自治権を行使する団体がないのですから、こうなるともはや「北斗の拳」の世界、無法地帯でしょう。

大阪市が廃止され、新たにA区という特別区が一定の地域と住人のために住民サービスをおこなえば、それはすでに大阪市ではなく、あくまでもA区という別の地方自治体（特別地方公共団体）です。松井さんや吉村さん、維新の議員はまるで「大阪市とは土地であり地域コミュニティーである」かのような論を展開し、「土地やコミュニティーはなくならない。だから大阪市もなくならない。土地などが存在するのだから特別区になってもなにもかわらない」という論を展開しています。ホップ、ステップ、ジャンプの三段論法ぽいですが、わたしに言わせればホップ、ステップ、ズッコケのトンデモ論法。

まずは正確な事実を知ろう。話はそれから。そうでないと「大阪都構想」はいつまでたっても「トコーソー」から脱皮はできません。

## 「トコーソー」は実現する。そのわけ

府知事と市長を決める大阪ダブル選と府議選、市議選の統一地方選挙。終わってみれば大阪維新の会の圧勝で幕を閉じました。選挙前は、自公の連携と共産と立憲、連合大阪などの援護射撃が期待できるので、小西禎一候補と柳本顕候補もそこそこ互角の戦いができるのではないかと思っていましたが、結果は惨敗。前回２０１５年の大阪ダブル選の結果と、ほぼ同じという有り様でした。

実際、府知事選と市長選のスタート直後は、「勝てるかも」といった雰囲気がありました。このとき、自民党が裏でこっそり実施した世論調査によると、小西候補と吉村洋文候補（現大阪府知事）は33・1ポイント対50・0ポイント。こちらは大差をつけられているものの、市長選を見れば柳本候補が45・5ポイント、松井一郎候補（現大阪市長）41・8ポイントと、柳本候補がわずかにリード。これを見て自民党の選対本部の中には「勝てるかも」と楽観し、油断が生じたことは大いにありえます。この世論調査はわたしも入手していましたが、かなりの範囲でばらまかれてい

たようで、夕刊紙の日刊ゲンダイなどは「維新真っ青　松井　落選危機」という見出しをつけて大はしゃぎ。ですが、この世論調査の真贋が不明であり、たとえホンモノでも自民党の世論調査は甘いというのが政界関係者の間ではもっぱらのウワサ。いまになって思えば、信じるほうがどーかしているということだったのでしょう。

さて、選挙は維新圧勝で終わり、次に気になるのが「トコーソーはどうなるのか」です。何回も言いますけど「トコーソーは実現するだろう」というのがわたしの考えです。早ければ年内（19年）に住民投票が実施され、前回15年5月17日の住民投票と異なり、次回は賛成多数になると見ています。

なぜ住民投票が年内に実施される可能性が高いかというと、維新にすればもう怖いものがないからです。維新は府議会を完全に制し、市会は2人の議員を取り込めば過半数に達します。今後、トコーソーの設計図を作る法定協議会でも維新がイニシアチブを握り、やろうと思えばすぐにでも設計図をまとめることができる。公明党の力を借りるまでもありません。

一方の公明党ですが、こちらは府議会と市会の同党議員は、ほぼ全員がトコーソーに反対しているのは間違いない。ところが党本部の考えは違っていて、維新と妥協することも模索しているはずなのです。理由は単純。衆院選で大阪と兵庫の議席を落とすわけにはいかないから。

公明党の支持母体である創価学会にとって関西は、とくに大阪は「常勝関西」と呼ばれる選挙の聖地であり、絶対に議席を死守しなければならない土地。そこに勢いのある維新が次の衆院選に公明党への対抗馬を立てると、ヘタすると軒並み落選しないとも限らない。実際、橋下徹さんは

4月8日朝、フジテレビの情報番組「とくダネ！」に出演し、「公明党候補がいる関西の衆院選挙6区のすべてに維新のエース級メンバーを立てる」と述べ、さらに29日には「このまま公明と話がつかなければ、吉村さんは知事職をほうり投げて大阪3区にいきますよ」と発言し、公明党を震え上がらせました。3区は公明党大阪府本部の佐藤茂樹代表の選挙区です。橋下さんの牽制はブラフの可能性もあるのですが、維新が実際に候補者を立てる前に公明党は維新と手打ちをするでしょう。それ以外に維新の刺客を阻止する方法はない。

2015年5月の住民投票がまったく同じ構図でした。当初はトコーソーに反対し、府議会と市会で特別区設置協定書に反対した大阪の公明党でしたが、その後、菅義偉《すがよしひで》官房長官から創価学会へ、創価学会から大阪の公明党というルートで圧力がかかり、コロッとひっくり返った「前科」があります。今回も同じパターンになることは十分に予想されます。いや、必ずなるでしょう。

今回の統一地方選の結果を受けて公明党大阪市議団の土岐恭生《ときやすお》幹事長は4月9日、当選の挨拶に来た松井市長に「ノーサイドではない。都構想はガチンコだ」と強気の姿勢を崩しませんでした。でも、そうは言っても最後は同団も党本部の意向には強く逆らえません。「おまえに信心はないのか」「誰のおかげで議員バッジを付けていられるのか」などと学会のエラいさんから恫喝されたら、たちまちキャイ〜ンと音を上げることは確実です。しかも、安倍晋三首相と菅義偉官房長官は維新の松井一郎代表と仲良しこよしの間柄。いかに公明党が連立与党の一角を占めているといっても官邸とケンカ別れでもしない限り、官房長官から「維新とは仲良くやってよ」と言われれば、最後は妥協せざるを得ないでしょう。

松井市長が「（住民投票は）4年の任期内にやればいい」なんて悠長なことを言ったとしても、これを真に受けてはあとで後悔します。相手が弱っているときに徹底的に叩く。これが勝負の鉄則だということを忘れてはいけません。

## 万博と「トコーソー」の二兎を追う愚

2025年に夢洲《ゆめしま》（大阪市此花区）で開かれる大阪・関西万博。テーマは「いのち輝く未来社会のデザイン」で、命や健康、医療をテーマにした最先端技術が体験できるとの触れ込みです。この万博については賛否を含めて様々な意見があります。高度経済成長の総仕上げだった70年大阪万博あたりを最後にして、現代において万博の役目は終わったのではないかという意見も聞こえてきます。もっとも、一度決まったものを「やーめた」と返上するわけにはいきません。そんなことをすれば国際社会で日本の信用はガタ落ち。やるならやるで成功させるしかないでしょう。

ただ、そうは言ってもいまの万博論議には少し違和感があります。聞こえてくるのはカネの話ばかりだからです。「経済波及効果は2兆円以上」「大阪の景気も回復する」などなど。直接的な恩恵を受けるゼネコンやホテル業界あたりは、いまごろからニヤけた顔でソロバンを弾いていることでしょう。言うまでもありませんが、万博の目的はカネ儲けじゃありません。本来、景気回復の手段でもない。人類の英知の成果を内外に広めるものです。

「国際博覧会条約」の第一条には万博の定義として「1．博覧会とは、名称のいかんを問わず、公衆の教育を主たる目的とする催しであって、文明の必要とするものに応ずるために人類が利用することのできる手段又は人類の活動の一若しくは二以上の部門において達成された進歩若しくはそれらの部門における将来の展望を示すものをいう」と明記されています。目的はあくまでも、「公衆の教育」と「将来の展望を示す」こと以外にありません。

ただ、経済波及効果があって儲かる業界が出てくるのは現実だとしても、それはあくまでも結果論にすぎない。ハナから「経済効果は2兆円だ」などと鼻息を荒くするのは万博の目的から外れ、だから違和感を覚えるのです。いまの時代、むしろ万博は儲からないと言われています。だいたい70年の大阪万博以降、過去の万博で収支が黒字になった事例は数えるほどしかない。２０２５年万博に立候補していたフランスが辞退したのは採算が取れないと判断したからで、儲かるならロシアやアゼルバイジャン、日本の３カ国以外にも手をあげる国があったでしょう。

儲かる儲からないは別にしても、今回の万博は開催までに多くのハードルが待ち構えています。たとえば、万博会場の整備費。この財政的な裏づけをどうするかも難題です。大阪府も大阪市も、それほどカネ持ち都市じゃない。むしろ大阪府なんて財政難。そのうち吉村洋文知事と松井一郎市長は難題に頭を抱えるのではないかと予想しています。会場整備費は１２５０億円と言われていて、果たしてこれだけで済むのかというギモンも残ります。だいたい２０２０年東京オリンピックだって当初の予算より大幅にオーバーしたではないですか。万博を含めて大規模な施設建設やイベント計画は予算通りにいかず、いずれ2倍、3倍と膨らむのが通り相場というものでしょう。その１２５０億円は、国と府市のほか企業も負担することになっています。

金額はそれぞれが約416億円ずつ。トヨタのような財力のある大企業は大阪になく、各企業がいくら出すかでたぶんモメます。パナソニックが単独でパビリオンを出さないと決めたのが象徴で、企業も万博を冷めた目で見ているようです。

交通インフラをどうするかも今後クローズアップされるでしょう。舞洲会場へ行くルートには、大きく分けて高速道路と地下鉄があり、地下鉄の方はトンネルが既に開通しています。あとはここに地下鉄の線路を延伸させるだけですが、その総工費は約640億円。しかも負担は大阪市だけで大阪府は知らん顔。かりにIR・カジノの誘致が決まれば業者に肩代わりさせる予定だそうですが、そんなことすれば大阪市はカジノ業者のヒモ付きになり、将来なにかと言いなりになるだけでしょう。また、大阪・関西万博が目標とする総入場者は2800万人。180日の会期中、1日あたりの入場者数は平均で約15万人にものぼります。これだけの人数を地下鉄だけで運ぶのはまず不可能で、夢洲会場へ渡る橋や道路の拡張整備も必要になってきます。当然、ここにも莫大なカネが必要ですが、「誰が負担するの?」つー話です。

まあ、「万博、バンパク」と浮かれていても現実はこの調子。課題、ハードルが山積みで、そこにトコーソーが決まれば府市が負担するコストはさらに膨らんでしまいます。万が一、万博が失敗すれば府市(あるいは特別区)は「ダブル破産」へとまっしぐら。そんな最悪の事態を避けるためにもトコーソー議論はいったん棚上げし、いまはマンパワーとカネを万博に集中すべきなのです。失敗したら日本だけでなく、大阪の恥を世界にさらすことになるのですから。二兎を追う者は一兎をも得ず。人間、欲張るとロクなことはありません。

## 桜は花びらが散った瞬間から来年の準備をしている

４月８日に、ＡＢＣラジオ「おはようパーソナリティ道上洋三です」に出演したときの話です。わたしの出番前に子どもの詩を紹介するコーナーがありました。その詩の中で「桜は花びらが散った瞬間から来年の準備をしている」という一節があり、いたく感心して思わず「ほー」と声をあげました。と同時に、「ああ、この〝花びら〟って自民党大阪にも言えるわな」と感じ、「かれらは選挙に負けた瞬間から次の選挙を想定して動いてきたのかどうか」という思いを強くした次第です。

２０１５年11月の大阪ダブル選挙。このとき自民党の候補者２人は府知事選と市長選で惨敗。その１人が今回の選挙でも敗れた前大阪市議の柳本顕さんです。もっとも、勝負の世界ですから負けたのは仕方がない。ただ、４年前の選挙に負けた瞬間から自民党大阪は、果たして４年後の府知事選と市長選を念頭に、あるいは今日の事態を予想して作戦を練ったのかというギモンが残ります。次の勝利のために敗因を詳細に分析し、候補者探しに汗を流したのかという疑惑さえ浮かぶのです。

さて、４月21日に投開票された衆院大阪12区の補欠選挙です。その選挙区内の有権者を対象にした共同通信による補選前の電話世論調査によれば、「トコーソー（いわゆる大阪都構想）に賛成の人」は自民党支持者で約６割もいたのだそうです。自民党大阪はトコーソーに反対しているのに、その支持者の半分以上が賛成というのですから、同党が日ごろ訴えている主張は約４割にしか届いていないことになる。ならば議員の皆さんは普段、支持者にどんな話をしているのでしょうか。これはなにも大阪12区の有権者だけではなさそうです。4月7日投開票の大阪ダブル選と府議選、市議選の結果を見ても、自民党支持者の4割から5割が維新に票を入れたというデータがあります。果たして自民党大阪の支持者が冷淡で同党に愛想を尽かしたのか。それとも自民党大阪が支持者を説得するだけの言葉と行動を持たなかったのか、そのいずれかでしょう。

この世論調査の結果を裏づけているのが大阪12区補選の選挙情勢でした。同じく共同通信によれば、「維新が自民党など他の候補より先行している」との世論調査の結果が早くから出ていました。その調査のとおり、維新は大阪ダブル選と府議選、市議選で圧勝した勢いを借り、そのまま一気に突き進みました。自民党が苦戦したのは、おそらくここでも自民党大阪の支持者が党離れを起こしたからです。

足を引っ張っているのは支持者だけではありません。自民党総裁である安倍晋三首相も同じ。統一地方選でも安倍首相は維新に気兼ねしてか、首相本人が応援に入らなかった。自民党大阪は支持者に加えて安倍首相からも裏切られている。

ですが、支持者や安倍首相だけが悪いのではない。支持者が離れるのは自民党大阪に魅力を感じるだけの将来ビジョンがないからであり、そもそも自民党総裁でありながら維新を応援する冷血漢を担いだ自民党大阪にも責任があるでしょう。ならば、一義的な責任は同党が負うべきであり、かれらに課せられた責任の重さと反省をどう感じ、次のための具体的なアクションをどう起こすかで自民党大阪の未来が決まると思います。

桜の花びらは必ず散るものですし、その散り際の中に「哀感」と、そして来年も見せてくれるであろう「美」を内面に宿しています。自民党大阪も同じです。かれらは「桜の花びら」になれるのか。なれなければ大阪は当分、維新バンザイの世が続くでしょう。

Columbia

# 4 〈大阪限定〉維新人気の秘密とその危なさ、怖さ

## 「大阪暗黒史」のクローズアップ手法

4月11日付けの朝日新聞は、7日投開票の道府県議選で維新は関西以外で全敗を喫したという記事を載せていました。先の統一地方選で大阪維新の会は府知事選と市長選に加え、府議選と市議選でも圧勝。衆院大阪12区補選でも勝利。対して、国会と関西以外の地方で選挙戦を担当する日本維新の会は他都市ではまったく冴えないとのことでした。この現象について朝日は、「地域政党に戻る危機感」という見出しを掲げて維新の限界を指摘。維新の「神通力」も関西、とくに大阪以外ではご利益ナシのようです。

他都市では惨敗なのに大阪では圧勝。この極端なコントラストについて、大阪の人には「維新が大阪でウケる理由はなにか」というギモンが湧いてくると思います。ホンマ、なんで大阪だけ維新人気は凄いんでっか、というわけです。このあたりの理由については、たとえば学術的な側面からは関西学院大学法学部の善教将大《ぜんきょうまさひろ》准教授の著書『維新支持の分析　ポピュリズムか、有権者の合理性か』(有斐閣)が参考になるでしょう。一方、わたしの取材を通じた肌感覚で言わせてもらえば、「こんな理由じゃないかなぁ」というものはあります。

ひとつは大阪府と大阪市の歴史です。05年ごろから大阪市の職員厚遇問題や第3セクターの経営破たん問題などがマスコミで騒がれはじめ、同時にりんくう開発の失敗など大阪府にも批判が集中しました。その後に登場したのが橋下徹さんで、かれは選挙で圧勝して08年2月、府知事に就任。なぜ橋下さんが府民から大歓迎を受けたかというと、まだまだ消えやらぬ大阪府と大阪市への不満が社会に蔓延《まんえん》していたのだろうと推測しています。

例えて言えば、ガスが充満した部屋に少しでも火花が飛べば大爆発を起こすようなもので、もし橋下さんがバブル経済の真っ最中に登場すれば、あそこまでの熱狂で迎えられなかったでしょう。維新人気もこの延長線上にあると思います。過去もいまも、とくに「大阪暗黒史」を維新はデフォルメ（意識的な誇張）することで市民の不満感情に火を付け、同時に油を注ぎ込んだ。この心理作戦によって「大阪市の改革はまだまだ必要だ」というベクトルへと誘導することに成功し、社会も維新を迎え入れたわけです。

## 「よう頑張ってる」と思う「地道な活動」

一方、維新の支持者はどう思っているのでしょうか。統一地方選の前半、大阪市内で維新の演説を聞く何人かの年配者と話をしたところ、「都構想とか難しいことはわからへんけど、松井さんや吉村さんはよう頑張ってると思う」といった声を多く聞きました。若い人や中高年者は「役所の対応がスピーディーになった。市営地下鉄も民営化され、ますます市民には便利になるはずだ」といった声が多く、こちらも維新に大きな期待を寄せていました。ざっとした印象ですが、年配者はわりと情緒的に維新に接していたのに対して、若者や中高年は具体的な成果を認めて維新を評価していたようです。

これ以外にも、広い年代層で私立高校の授業料無償化や外国人観光客の増加、2025年万博の誘致成功などは「維新のおかげ」「大阪は変わった、明るくなった」という声も聞きました。もちろん、これらすべてが維新のおかげではなく、よくよく分析すれば政府のバックアップや経済環境の変化といった外部要因も大いに貢献していることはわかるはずです。ただ、維新のデフォルメ的ＰＲが功を奏したのか、支持者は決してそう思わない。良いものは維新のおかげ、悪いのは公務員と既成政党、というステレオタイプな思考に陥りがちなのは維新びいきの多い大阪では致し方ないのでしょう。

また、そこに加えて維新の議員は日ごろ、地道に活動していることもプラスに働いています。たとえばわたしの地元の北区で市議をやっていた美延映男《みのべてるお》(現・衆院大阪４区支部長)さんです。数年前の真冬のこと。厳冬のなか某駅周辺に１人のホームレスの老女がいたことが気にかかり、たまたま道でばったり遭遇した美延市議に相談。美延さんはすぐに市の担当部局に連絡を入れ、市側も即応してくれました。わたしとは政治理念や主義主張は異なりますが、このあたりの素早い行動力には感心した思い出があります。もちろん他党の議員も地域密着で活動しているのは言うまでもありませんが、維新が大阪市民からとくに注目されているだけに、このような議員活動は目立つのだと思います。

このように、維新の議員らは地域の隅々にまで根を張っています。そうでない議員も多々いるでしょうけど、トップ当選を果たすような議員は間違いなく地域活動に熱心です。

「大阪暗黒史」のクローズアップ手法と「政治的成果」の執拗なＰＲ、そこに加えて議員たちの豊富な活動量。これらが相互にミックスされて維新人気が続いているのだとしたら、かれらはひじょーに手強い政党です。ただし、大阪限定ですが。

## 敗因から学んだ維新の会と勝利に浮かれた自民党大阪との差

春の統一地方選が終わりました。大阪と沖縄では衆院選の補欠選挙もおこなわれ、結果は与党候補が惨敗。自公協力にもほころびと限界が見えはじめてきました。逆に伸びてきたのが大阪では維新、沖縄では辺野古の基地移設反対派でした。大阪12区では維新の藤田文武《ふみたけ》候補が、沖縄3区では野党系の屋良朝博《やらともひろ》候補がそれぞれ初当選を果たし、とくに大阪では統一地方選前半と大阪ダブル選に続いて維新の強さがあらためてクローズアップされました。

大阪と沖縄で与党候補が負けたのは象徴的な現象だと思います。どちらも自民党が有権者からそっぽを向かれたからです。

ご承知のように沖縄では、米軍普天間飛行場の辺野古移設反対を訴える玉城デニーさんが昨年9月の県知事で当選し、今年2月の県民投票でも建設反対の民意が示されたばかりでした。ところが、強い民意が示されながら辺野古の海を土砂で埋め立てることを止めないのが安倍晋三政権。沖縄の人たちが政府・与党にNOを突きつけるのは当然の結末だったはずです。

一方、大阪はどうか。こちらは2011年4月の統一地方選以降、トコーソー(いわゆる大阪都構想)を柱に、行政と議会改革を訴える維新の会が躍進し、それまで与党の座にいた自民党大阪が逆に議席を減らす状態が続いています。

その背景にあるのは、これまで何回も書いてきたように05年から発覚した旧WTCビルなど第3セクターの経営破たんや公務員の厚遇問題、市役所に巣食ってきた労組など、過去の大阪市の不始末にあるのは間違いないところでしょう。そこに過去の決別と改革を訴える当時の橋下徹知事と維新が出現し、救世主が現れたかのように有権者がワッと飛びついたのは、こちらも沖縄と同様、政治の必然だったように思います。その維新は以来、なにかと「大阪を過去に戻すな」と訴え続け、改革の成果を掲げながら大阪に根を張ってきました。今回の大阪12区の衆院補選などは安倍首相と麻生太郎財務相が大阪入りしながら自公が負けたのですから、その根はさらに拡大し、かつ強固になったようです。このことは八尾市と池田市の市長選で維新の候補が勝ったことからも明らかです。維新はもはや新興勢力ではなく、かつての自民党大阪のような盤石な既成政党へと成長したと言えます。

思うに、維新がここまで強くなったのは15年5月の住民投票に敗北してからではないかという気がします。それまで負け知らずだった維新がトコーソーの賛否を問う住民投票で初の敗北を経験し、そのまま党勢が衰えるかに見えました。ところが同年11月の大阪ダブル選挙で維新はダブル勝利し、そのままの勢いが今日まで続いています。「なぜ住民投票で負けたのか」「どこに敗因があったか」をかれらは周到に分析し、次の勝利の道へとつなげていったのでしょう。

逆に、自民党大阪は住民投票で勝利したことにあぐらをかき、15年11月のダブル選の敗北からなにも学んでこなかった。自民党大阪が本気で再起する気があるのなら、解党的出直しでもやらない限り無理でしょう。もともと維新の原型は「自民党・維新の会」。そこから脱自民党をしたから発展したのです。ヘンな話ですが、自民党大阪も「脱自民党」しないと明日はありません。

敗北から学んだ者と勝利に浮かれたままの者の差。これが今日の大阪の政治の姿であり、かといって勝者に全面的に政治を委ねることが大阪にとって幸福かというと、そうでもないところが大阪の不幸でもあるのです。

## 維新の強さは軍隊にも似た「組織運営」

維新の議員は案外、地道な地域活動に励んでいると書きました。サボっている議員もいるのでしょうけど、わたしの知っている範囲では皆さん、ふだんから街頭演説などの活動を怠らない。市民との交流にも熱心です。冠婚葬祭で有権者と接することはもちろん、ゴルフやお酒のつき合いなど支援者との会合も小まめにこなしています。

個人的なことで恐縮ですが、数年前にわたしの後輩のご母堂が逝去されたときの話です。お通夜の席に大阪市内のご自宅を訪問したら、同じ選挙区内で活動する維新大阪市議団の飯田哲史《さとし》市議（城東区）が喪主のそばにずっとつき添い、弔問客1人ひとりに頭を下げていました。後輩は維新の支持者ではありません。それどころか維新やトコーソーには批判的で、一度なんか酒の勢いもあって飯田市議と激しく口論したことがあったほどです。それでも同市議は地域の区民のために議員としての務めを果たしていた。これって、やろうと思っても案外むずかしい。

年齢が35歳と若いこともあってか、飯田市議はツイッターで過激な発言をしたり他党の議員にかみついたりと、少々やんちゃなイメージがあります。ですが、早朝から街頭演説を定期的に実行したり支援者や区民と接したりと、議員としてやるべき仕事はちゃんとこなしている。だからでしょう、今回の統一地方選でも2万2110票を獲得してトップ当選を果たせたのです。この点は他党も見習わないといけません。

維新が選挙に強い理由については、橋下徹さんが自身のメールマガジン（PRESIDENT Online）で明らかにしています。橋下節は少々鼻につきますが、読んでいて「なるほど」と思うことが多々あるのは確かです。中身を簡単にまとめると「組織の強さ」。要は上に怖い存在がいて、しかもなにかと締めつけが厳しく、その結果、下っ端議員がサボれない構造になっている様子がうかがえます。

その一例として、橋下さんは維新の内部組織「都構想戦略本部チーム」の動きを説明しています。このチームの詳細は不明ですが、早い話がトコーソーを実現するため維新に設置された秘密グループ（秘密でもないか）で本部長は吉村洋文知事。他のメンバーは公開されていないようですが、毎月22日に実施される「都構想推進一斉行動デー」のために都構想戦略本部チームがせっせと作戦を練る。たとえば17年11月に開かれた初会合ではトコーソー実現のための問題点が洗い出され、この時点で解決法をすでに見出していたというのです。その一部を引用しますと、「若者の維新離れ→維新支持層は40、50代が多く、本来のターゲットである若者世代、子育て世代に弱い」「若い世代が自民党支持に流れているが、自民党支持層の一部は都構想を支持している。ここを切り崩したい」「調査の分析を基に効果的に活動するための方針を決定する」（PRESIDENT Online「橋下徹『これが真相・大阪維新の大勝負』」から）などといったものです。

吉村知事が議論をリードするチームの会議は形式的なもので終わらせず、「毎回、現状分析、課題の洗い出しから、その解決方法までの結論を出して、行動指針としてまとめる。解決方法の結論が出なければ次回会議までに各自が解決方法を考えてくる」（同）。で、ここで決まった指針は個々の維新議員へと降ろされ、各議員は毎月22日の都構想推進一斉行動デーで必ず実行することを求められる。なかにはサボる議員もいるでしょうが、維新の上層部はそれを許さない。松井一郎市長と並ぶ維新の〝ラスボス〟である今井豊《ゆたか》府議（貝塚市）が、個々の議員がホントに実行したかを陰からこっそり監視し、サボっているヤツにはケリを、いや活を入れる。なるほど、これでは議員たちも実行するしかない。でも実行すればなんらかの結果は出る。街に出て有権者と接すればシンパも生まれるし、新たな問題点だって浮き彫りになる。

住民投票の実施時期をめぐって公明党とケンカしたときも、公明党をどのように揺さぶれば同党がふたたびすり寄るか、出直し選挙かクロス選挙か、どれだけ議席を取れるか落とすかのシミュレーションを都構想戦略本部チームに指示していたそうです。

〈問題点の洗い出し〉→〈克服法の発見〉→〈個々の議員への伝達〉→〈実行の有無をチェック〉→〈結果報告と反省〉。このような単純パターンの繰り返しによって維新の組織力は強くなり有権者の輪も広がっていく。維新の府議や市議らは議会以外の地域活動をこなしながら、トコーソーの実現に向かって具体的なアクションを起こしているわけです。そう見てみると、維新の議員って結構忙しい。

だとすれば大阪維新の会は、体育会系の組織であり軍隊の組織にも似ています。命令系統と責任の所在が明確で、だから個々の議員は上からの命令があれば従わざるをえない。だけど、命令どおりに動いていれば選挙でも勝てる確率が高い。議員バッジも保証される。結局、維新の議員さんって兵隊アリみたいなものかもしれません。逆に反発する議員、逆らう議員は維新の中では生きにくい。

維新の議員がトコーソーへの理解が一律で説明がワンパターンなのもこれで説明がつきます。〝兵隊〟はなにも考えずに命令どおりに動けばいい。どこの国の軍隊も、また維新の会も組織の構造と論理は似たり寄ったりなのでしょうし、だからこそ強いのかもしれません。

## 自民党大阪の弱体化は必然か？

維新が緻密な組織運営や地道な地域活動をして勢力を拡大しつつあるのと対照的に、じつにダメだめなのが自民党大阪です。今回の統一地方選に惨敗した遠因は15年11月の大阪ダブル選挙にまでさかのぼります。大敗北だったというのに自民党大阪はこのときの敗因分析を怠り、なおかつ4年後（実際は3年4か月）には確実におこなわれる府知事選と市長選の準備がまったくといっていいくらいできていませんでした。そりゃ負けるわ。

もっとも、自民党大阪に同情しないでもありません。なぜなら、〝敵〟は官邸にもいたからです。15年の大阪ダブル選で自民党大阪が大敗したとき、菅義偉官房長官は会見で「自民党の候補者を共産党が応援するとか、いろいろな現象の中で行われた選挙だが、そうした全体を考えた上で大阪の皆さんが決めたのだろう」と他人ごとのように述べていました。ご承知のように、安倍晋三首相と菅官房長官は維新とお友だち。自民党大阪の候補者が負けても維新が勝てば改憲には支障がないと考えたのかもしれませんが、それにしても官邸は味方に対して後ろから弾を打つようなマネをするのですから同党大阪も気の毒です。とは言え、自民党大阪の責任も無視できません。反省が、いや猛省が必要でしょう。

そこで今回の大阪ダブル選の敗因を考えてみますと、大きく分けて原因は3つあると思います。①スタートの遅れ、②油断、③支持者離れです。しかも、この3つは前回と今回のダブル選で共通しているのですから同党の反省力は絶望的です。

まず、①の「スタートの遅れ」とは、前回も今回も府知事選候補の擁立がギリギリまで決まらなかったことが挙げられます。前回は早くから市長選の候補者に柳本顕さんが決まっていましたが、今回のダブル選では府知事選、市長選の候補が土壇場まで決まらず、参院選候補に決まっていた柳本さんに頼み込むという、まるであり得ない失態を演じました。だいたい、松井一郎知事と吉村洋文市長が任期前に辞任してダブル選に持ち込むウワサは18年秋ごろから大阪を中心に流れており、自民党大阪府連の耳にも入っていたはず。だったら、どうして早急に候補者を探し、擁立が決まれば大阪府内と大阪市内で名前と顔を売る活動をしなかったのか。ここが自民党大阪の優柔不断な点なのです。

どんな選挙でも現職が強いのは常識で、知名度がある松井知事、吉村市長(ともに当時)に勝つには早めに候補者を決めて有権者にアピールする努力が必要でした。柳本さんを候補者にしたとはいえ、それならそれで4年前の敗北のときから準備すべきでした。それを怠ったのですから負けても仕方がない。

次に②の「油断」です。15年5月の住民投票で男を上げた柳本さんなら知名度もあり、維新に勝てると過信しすぎたのは前回も今回も同じでした。かれは優秀な政治家ですが、現職相手に戦うには準備がまったく足りませんでした。訴える政策だって選対本部が決めたのではなく柳本さん任せ。しかも、その自民党大阪の選対本部は機能不全を起こしていた。わたしの耳にも「誰が司令塔なのか、まったくわからない」といった声まで聞こえてきたほどです。司令塔が不在だから選対からの指令は一貫せず、候補者も右往左往する始末。「選対本部のグダグダを外に漏らすな」と口止め命令が飛んでいたという話まであったほどです。おまけに、選対本部がSNSでの広報活動を買って出たボランティアを追い出し、別の人物を担当につけた。ところが、これがまったく無能で使いものにならないというタレコミまで寄せられました。

確かに、ダブル選がスタートしても小西候補と柳本候補のスケジュールをSNSなどでアナウンスするわけでもなく、個々の公約にしてもまるで見えてこない。一方、維新はSNSでの発信を怠らず、候補者の演説スケジュールはもちろん、候補者みずからが政策を訴えるきめ細かな作戦を練っていました。SNS戦でも維新の圧勝でした。

そして最後の③「支持者離れ」です。前回も今回もそうですが、共産党が勝手連的に自民の候補を応援したことに自民党の支持者が拒否反応を起こしたのです。これに便乗した維新陣営が、「水と油の自民と共産が一緒に戦っている。野合だ。自民と共産が食べ物だったら食中毒を起こす」と執拗にアピール。これが自民党支持者の票が大量に維新に流れる結果を生みました。

なぜ、トコーソーがダメなのか。なぜ自公と共産、立憲がこぞってトコーソーに反対するのか、その理由をちゃんと支持者に説明しきれなかったツケがまわってきたのです。ところが、維新の野合批判に選対本部は大慌て。「自共共闘？　維共共闘の間違いでしょ！」という安倍首相の顔入りポスターを急きょ印刷したものの、作家の百田尚樹氏が「安倍首相に確認したが本人は『知らん』と言っていた」とツイッターで暴露。これが世間の反感を買い、自民党大阪は批判を浴びる結果になりました。

ただし言っておきますが、安倍首相の顔入りポスターは自民党の都道府県の各本部が地域の事情に応じて使ってかまわないもので、安倍首相が「知らん」と応じたところで当たり前だったのです。それはともかく、表向きの活動は別として共産と立憲はトコーソーに反対して自公候補を応援していたのは厳然たる事実であり、野合批判が飛んでくるなどは事前に予測がついたことでしょう。それならそれで政党同士で事前にすり合わせをするとか、野合批判への効果的反論を考えるとかの時間はあったはずでした。

一事が万事、この調子。自民党大阪が立ち直るには自民党を抜け出して新党を立ち上げるくらいの気概と覚悟がないといけません。それが無理なら、永遠に維新の軍門に下ることです。

# 緊急対談

『大阪破産』
吉富有治
×
『誰が「橋下徹」をつくったか』
松本創

二〇一九年四月二十七日収録

## 安倍政権とそっくりな維新

**吉富**　維新を見ていると、安倍政権と似てると思うんですよ。モリカケ問題みたいな不祥事、大臣の舌禍事件が相次いでも、支持率が下がらず、長期にわたって政権を握っている。このしぶとさが維新とそっくりだと思う。2015年5月の住民投票で負けた後に、維新は解体されて無くなると僕は思っていた。橋下徹さんは政界を去ってしまったし、今まで維新にプラスとして働いていた部分がなくなり、都構想という方向性を失い、維新は勢力を弱めるだろうという見解を語ってたんだけど、まるっきり違ってた。

**松本**　逆に力をつけ、今回の統一地方選挙では、橋下さんの応援がないにも関わらず、知事選・市長選はダブルで圧勝。府議会で単独過半数を取り、市会でも、あと2議席というところまで来ました。

**吉富**　驚異的ですよ。これも安倍政権にそっくり。維新って結局自民党なんだなぁ。

**松本**　このしぶとさの理由は何でしょう？

**吉富**　ひとつは、自民党大阪のオウンゴールがあったと思うんですよ。一番の失態は15年5月の住民投票が終わった後、大阪戦略調整会議（通称：大阪会議）をやっていたけれど、3回ですぐに終わってしまったこと。維新が意図的に潰したんだけど。総会屋が邪魔をする株主総会と一緒で、何も決まらないんですよ。主義・主張は異なっていても「まとめよう」と思う人が集まって初めて決まるもんなのに、最初から「潰してやろう」っていう人がいると、潰されるに決まってる。自民党も妨害されてたのはわかってたけど、その対抗策がなかった。結局ヘソ曲げて出てっちゃってね。

**松本**　「ポンコツ会議」とか呼ばれて。

**吉富**　同じ15年のW選挙でW勝利を許してしまい、維新の勢いがまた盛り返してしまった。環境として、背景として、自民党大阪のダメさ加減があるんだと思う。

**松本**　維新は「ネオ自民党」だと本書で表現されてましたね。ある自民党の国会議員は「のれん分けした兄弟のようなもの。大阪で喧嘩しているべきではない」と言っていた。政治的には改憲志向の強い、いわゆるタカ派で、経済政策では小泉純一郎氏に代表される「構造改革路線」。こういった自民党の「ある部分」が凝縮され、大阪に約10年遅れで持ち込まれたのが維新だろうなと。吉富さんは、日本人は「自民党的なものが好き」と仰ってますけど、自民党の系譜でいうと清和会的なもので、安倍政権とドンピシャです。

**吉富**　松井一郎さんが安倍さんや菅《すが》さんと仲良いのはそこ。元々思想的に親和性が高いからね。まぁ、松井さんの思想ってどうなんやろ。深い思想はないと思うんやけど(笑)。

## 自民党の「子会社」が維新

**松本**　橋下さんは小泉純一郎氏を大尊敬しているから、政策においてもそうでしょう。経済政策でいうと、小泉・安倍政権ともに竹中平蔵氏が共通していて、橋下さんの庁内連絡メーリングリストに彼が入っていたこともある。産経新聞が先日、自民党の一軍が維新に行って二軍が大阪府連に残ったみたいな書き方をしてて、当たっているかどうかは別として、大阪府連がダメダメだったのは今回の選挙では明らかでした。

**吉富**　自民党大阪のことを今回僕は強く批判しているんだけど、彼らの名誉のために言っとくと、実際は一軍が行ってたわけではない。前著『橋下徹 改革者か壊し屋か―大阪都構想のゆくえ』で詳しく書いてるんだけど、11年4月の統一地方選で維新の会が躍進したでしょ。このとき自民から維新に来た人間は、どちらかというと選挙に弱かった人なんです。前回の選挙で最下位で当選したか、ブービーで通ったくらいの人が多かった。

**松本**　「橋下人気にあやかって」という人たち。

**吉富**　今だったら維新は勢いがあるけど、当時は議席が欲しいという思いが多分にあったんだろうね。

**松本**　産経新聞の表現は僕も的を射ていないと思ってて、当時は選挙が安泰でない連中が、橋下維新の勢いに乗ろうとした。結果として、維新が強くなったから一軍と言われるわけで、最初はそうじゃない。

**吉富**　松井さんと浅田（均）さんは自民党から飛び出して維新に合流し、その後、チルドレンが入ってきたり、大きくなってくると、自民党からも入ってきたり。

**松本**　逆に維新から出ていった人間もいますしね。不祥事で切られたりとか。

**吉富**　話がちょっと飛びますけど、今回のW選挙の時、自民党大阪府連は「市長だけ獲ればいい」と思っていた。都構想が実現できなくなるから。だから、内部では維新からどっと自民党に鞍替えする人が出てくるんじゃないかって思われていた。でも、逆ですね、実際。自民から維新に行く人がいるんじゃないかと思うほどで。これって、維新から飛び出した人間は公明や共産、立憲には行かないでしょ。絶対自民に行くよね。逆も然り。自民から抜け出した人も維新に行くでしょ。やっぱり自民と維新は結局は兄弟で、親和性が高いんですよ。例えば、自民党っていう大きい会社があるとしたら、維新は子会社みたいなもんで、自民党大阪はまた別の子会社。イメージ的には子会社同士で喧嘩しているということ。

## 「経済」が維新を定着させたが恩恵は？

**松本**　司令塔不在とか、国政野党や連合など何から何まで選挙カーに乗せてトラブったとか、弱体化した自民党大阪の体たらくは確かにあります。でも、敗因の本質はそこではないと僕は思います。穏健な支持層みたいなのも含めて、維新の支持が完全に定着し、根を張っている。支持者の話を聞いてて思ったのは、結局「経済」なんですよね。インバウンド、関空が調子良い、地下鉄が民営化で綺麗になって、天王寺公園が「てんしば」になって、万博も来るとか…。そういうのがすべて維新のおかげで良くなってきたというイメージが強くある。

**吉富**　それがまさに安倍政権と一緒。アベノミクスの効果もあって株価も上がり、儲かる企業も出てきた。ただ「安倍さん素晴らしい！　アベノミクスは大成功！」と言っている人に限って、自分たちは特に何の恩恵も受けてないんですよ。にも関わらず、安倍さんを支持する人は多い。これが自民党的なもので、維新も一緒。支持者にとって直接的な恩恵はあるのか、自分の財布が潤うのかというと決してそんなことはないのに、表面的にはなんとなく良くなったと。

**松本**　人を動かしているのは結局、経済であり、さらに言えば「体感景気」なんですよね。知り合いの経済アナリストに維新行政になってから約10年間の大阪の経済指標を分析してもらったんです。確かに地域の経済規模を表すGRP（域内総生産）は、13年度以降は良くなっている。だけど、これは全国的な景気回復とパラレルなもので、大阪だけが特別に良くなっているわけではない。あと、体感景気に最も影響を与える完全失業率。大阪でも下がっているけど、これも全国的傾向である、団塊世代の退職や少子化による人手不足が大きい。大阪の体感景気の一番の理由は結局、インバウンドの増加。だけど、これは大阪がどうこうではなく、アジアの成長と好景気が要因ですよね。LCC（格安航空会社）が登場したのも理由の一つでしょう。これらは維新の手柄でもなんでもないんですけど、維新の時代に「そういうこと」が起こったということは事実。維新はそれをすごくうまく自分たちが呼び込んでるんだ、おもてなしをしているんだというPRをしている。彼らはなんでも自分たちの手柄にしてしまいますから。橋下さん自身が関空民営化を牽引したわけではないし、LCCを呼んだわけでもない。でも、広報宣伝やメディア戦略だけは滅法うまい。維新の時代に大阪が良くなってるというイメージは体感としてあるんでしょう。

## 維新の運も実力のうち

**吉富**　維新は非常にラッキーな政党だと思うんですよ。ラッキーな時代に出て来たもんだから、ラッキーなことに成長していった。橋下さんもそう。彼が登場したのは2008年。僕が処女作の『大阪破産』を書いたのは05年で、当時は相当大阪府と大阪市の問題が騒がれていた。

**松本**　それに怒りを覚えて、橋下氏は政治家になったと言ってますからね。

**吉富**　怒りの余韻があるところに「大阪府は破産会社」という刺激的なキャッチフレーズで彼が来たんです。小泉さんの「自民党をぶっ壊す」にあやかったんだろうね。まだ大阪府民・市民には、行政に対する恨みがあった。そんな時に登場したもんだから、橋下氏は爆発的な人気を得た。しかも、太田房江府知事の不祥事があったときで、彼にとってプラスになるような要因がたくさんあったから伸びた。維新も一緒で、伸びていったのは、リーマンショックから日本が全体的に立ち直って来た12年くらい。その波に乗ったっていうのもある。そういう意味で非常にラッキーなんですよ。80年代のバブルの頃だったら、大阪は今みたいにお金がないということはなくて、逆にお金が有り余ってて、一般の人たちにもバブルの恩恵があった。そんな時代に橋下さんが行政改革とか公務員の人件費削減とか言っても絶対に相手にされなかった。

**松本**　府政・市政改革においても言えるでしょうね。關淳一《せきじゅんいち》・大阪市長時代の「關改革」があって、いろんなことが是正されて、平松(邦夫)市政も基本的にはその改革を受け継いでいた。その後、橋下さんが取って代わって、「大阪が色々と良くなっていったのは、維新になってからだ」と、しきりに宣伝した。府の財政も、横山ノック氏から太田房江氏と、徐々に借金を減らし、もうそろそろ黒字に転換するという時に橋下さんがなった。

**吉富**　そういえば08年度の大阪府は単年度黒字だった。

**松本**　ある人が言っててすごく納得したの

が、めちゃくちゃ弱かった時代の阪神タイガースに野村克也が呼ばれて、赤星とか若手を育てた。当時は結果が出なかったけど、その次に星野仙一がやってきて野村が育てた戦力で優勝すると、「星野さんすごい」となった。低迷に耐えて準備していた時代があったからこそ、ようやく花開いたわけなんですけど、結果を出したリーダーだけが脚光を浴びる。「橋下さんが小中学校にクーラーつけた。すごい！」みたいな。平松時代からやってきた施策なんですが、そのことが見えなくなっている感じですね。

**吉富**　それはそうかもしれない。

## 政治思想、倫理、民主主義観を問うこと

**松本**　今回強く感じたのは、吉富さんが仰る通り、自分の財布が潤うわけじゃないのに、イメージとしての景気が支持される理由になっている。都構想の問題点やクロス選という脱法的手法は、僕らが指摘するほどには一般的には問題視されていない。一方、自分を含めて維新に異論を唱えてきた側は、経済ではなく、政治手法やモラル、民主主義観とかに対しての部分が主でした。選挙の勝者のみが全てであるような橋下さんの民主主義観とか、彼が著書で言う、目的遂行のためなら嘘、詭弁、裏切りでもなんでもありだというマキャベリズム的態度とか。組織運営については、トップダウンと締め上げの非民主的かつ抑圧的手法で、公務員を過剰に敵視して、労働者の権利まで踏みにじった。行政の組織をまるで企業経営かのように、コストカットとトップダウン、公共施設を民営化して利益を出すとかですね。行政って基本的に利益を追求するためのものではないから行政なのであって、その部分を著しく軽視している。僕は橋下さんと同い年なんで、なんとなく世代の感覚としてわかる部分もあるんですけど、戦後民主主義的な価値観を彼はものすごく嫌い、唾棄すべきものだと思っている。彼の思想や倫理観、過剰な攻撃性、人々を分断するような政治手法は、そこに立脚していると思

います。教育への介入や自己責任論もそうですね。よく彼は、民主主義というのは「敵をぶっ潰すこと」で、その手法が選挙なんだと言っている。少数意見を聞かない、弱者を自己責任として切り捨てることに対して、僕たちの側は人権や労働者の権利や公正や社会的包摂といった言葉で、いわばイデオロギー的に反対してきたんですけど、そういう「正しさ」は今、求められていない。求められていないから通じない。

**吉富**　人間っていうのは単純で、明日の夢よりも今日のパンなんだよね。でも悲しいかな、維新を支持してる人も安倍さんを支持してる人も、別に自分の目の前にパンがないのよ。パンはないんだけど、パンがあるイメージだけで支持しちゃうの。実際にお金が入ってくることもあるかもしれないけど。維新は実利的なものを一生懸命アピールしてきたけど、自民党大阪を含めて反対側は、都構想はダメで大阪市はなくなるんだという理念的な話だから、お互いに噛み合うわけがない。維新が強いっていうのは支持者がいるからこそであって、支持者が求めているニーズというのは、夢やイデオロギーよりもパンってことなんだよ。今回すごくよくわかった。本来は片手にパンを、片手に理想の、両手使いでないといけなかったわけよ。

**松本**　大阪の経済が東京と比べて、相対的にジリ貧だと言われている中で、明るい話題もなく、公務員は税金を無駄遣いしているというイメージが根強くある。自分の財布が膨らむわけじゃなくても、そういうものを払拭して、「経済的に明るい未来を夢見られるもの」が求められている。それを体現するのが維新であると思われている。一方で、柳本顕さんは立派な人だと思うんですが、「大阪市民の自治が失われていいんですか」と言ってて。でも、「自治とかめんどくさい」と思う人も多いだろうし、理念みたいなものは全く響かない。

**吉富**　「めんどくさい」以前の問題で、「自治って何？」みたいな。多分大半の人はそのレベルだよね。

**松本**　めちゃくちゃ単純化して、「大阪市民の税金が吸い上げられて、大阪市以外のところに使われるんですよ」という話をしても、あんまり響かないのかもしれませんね。

**吉富**　維新が訴えている実利的な面って、はっきり言って幻が多いわけ。ただそんな蜃気楼でも目の前にパンを映されると「美味しそうだな」となるのが人間というもの。自治とか都構想とか「高いところのよくわからないもの」より、幻であってもいいから目の前にあるパンを手に取りたいってのが本音だと思う。で、怖いのは、これから維新がさらに勢力を伸ばしていって、トコーソーが実現した時の話なの。それが実現したら幻じゃなくなる。大阪市がなくなって、特別区ができる。特別区ができるまでにいっぱい問題が出てくる。その時に初めて気が付くんじゃないかな。そこで頭打ってハッと気が付かないとダメなんじゃないかな。

**松本**　都構想が実現したら、もう元には戻れないですからね。でも、有権者の多くに正しく伝わっているのかどうか…。伝わらない理由は、繰り返しになりますけど、反都構想の側が理念やイデオロギー的な論点に終始したから。こういう地に足つかない「きれいごと」ばかり言っている、我々を含めた人間を「自称インテリ」と橋下さんは揶揄してますよね。いやいやいや…と腹も立つけど、ある部分は的確に表現しているかもしれません。

**吉富**　自称だったら良いじゃん。俺なんか「インチキジャーナリスト」だよ。(笑)

## 橋下維新とメディア、穏健な支持層

**松本**　ハーバービジネスオンラインに書いた首長ダブル選の記事を、橋下さんが取り上げて、ツイートで拡散したんですよ。僕らに対して、「この手の連中は、はじめから有権者のことを見誤っていた」と書いていた。見誤っていたというか、見えなかったというのはありますね。僕はずっと、橋下維新とメディアの関係を注視してきて、ひとりひとりの有権者が何を思っているかまではわからなかった。つかみようがなかったというか。

**吉富**　有権者っていうのは決して固定化されたものではなく、有権者も政治家によって意識づけられる。橋下さんや維新の主張の結果、実利とか即物的なものを追い求めるようになったんじゃないかな。

**松本**　彼らは問題をクローズアップすることがうまいですからね。「10年前に戻していいんですか、大阪を？」と、以前の大阪がいかにひどかったかというのを今でも懇々と言っている。二重行政の象徴はＷＴＣとりんくうゲートタワービル。だいぶ古い話やし、そもそも二重行政の問題ではないんですが。

**吉富**　ずっと言われると、人は信じてしまうよね。時系列で見てるのなんか僕らみたいなマニアックな人間くらいだよ。政治家は知ってるかもしれないけど、維新の若い連中だって知らないんじゃないかな。

**松本**　時系列で整理するのはマスコミの役目だと思うけど、できてないですから。

**吉富**　有権者は政治家を育てるんだけど、政治家が有権者を育てるというところがあって、育てるというと聞こえはいいけど、洗脳するみたいなもんだよ。そうさせないためにも、マスコミがちゃんとしなきゃいけない。記者会見でも、橋下さんの時は厳しい質問する若いやつが2、3人いたんだけど、今はいない。松井さん、橋下さんよりずっと年上で、歴史も知ってる人がいたら良いんだけど。

**松本**　多くのメディアのキャリアの踏み方って、大阪で数年やってから、国際部行くとか、東京の政治部に上がるみたいな、これがひとつの問題ですね。ずっと大阪をウォッチしてる人間がいなくなってしまう。もうひとつは『誰が「橋下徹」をつくったか』で書いた通り、若い記者自身が維新を好きなんですよ。ネオリベ的な価値観を植え付けられてるし、維新はそれに合致するようなことをしてる。大阪城公園に吉本興業が劇場を作り、「てんしば」にはカフェができ、きれいになって家族連れで行けるようになってうれしい、とか。市長選の初日、午前中に松井氏と吉村氏が

「てんしば」の前で演説をやっていた。行楽客や家族連れがたくさんいた。穏健な支持層が増えていると思ったのは、そういう若い無党派的な支持層が自然発生的に、興味を持って聞きに来ている感じがしたからです。

## 維新の「堅固さ」と自民・公明の実態

**松本**　同じ日の午後に天王寺駅前では、垂れ幕いっぱいたらして、柳本さんたちが演説していた。演説は素晴らしかったけど、聴衆は動員臭が拭えない。熱気はあるけど、作られた熱気っぽい。その印象は最後まで変わることがなかった。対して、維新の自然発生的な熱気みたいなものがどんどん増幅していって、最終日の難波・髙島屋前で最高潮になった。若い家族が子どもを連れてきていたり、たまたま通りかかって話を聞いているとか、特別に維新を支持してますというのではないけど、何かを期待しているというか、期待感を持たせるようなものを維新が提供していると思わざるを得なかった。

**吉富**　「ファン」ですね。自民党の支持者が増えなかったのは、目の前のパンよりも理想を語ってしまったから。コアな支持ではないけど、若い人が維新を支持するのは、その期待感を裏付けるようなインバウンドや万博といった社会環境がたしかにあるから。それらがあいまって、支持に繋がった。こういうのは旧態依然とした自民や公明党は下手だね。

**松本**　急に選挙を仕掛けられて、政策を練る暇がなかったという人もいるけど、いやいや4年間何をやってたんやっていう。候補者選びも然り。僕は、柳本さんも小西さんもすごくいい候補者だったと思うんです。だからこそ自民党がちゃんとやっていれば、もう少し戦えたんじゃないかと。

**吉富**　維新は前回の住民投票に負けた時から準備している。自民党はそこから安心しきってサボり始めた。15年11月のW選挙に負けた時点でやらなきゃいけなかったのに、何もしなかった。一方、維新は次の選挙のためにどうすればいいかというのを組織的にやってる。とにかくきめ細かい方針を立てて、問題点を洗い出して、決まったことを議員におろして、実行させて、サボってる奴にはカツを入れる。

**松本**　組織運営は決して民主的ではないけど、統制が取れている。

**吉富**　だから効率的に動くことができる。維新の強さはそこにもある。個々の議員たちは地域密着をやって、加えて、維新の本部からおろされてきた指示もやらされている。上から言われたら絶対服従みたいな。非常に効率的で、軍隊と一緒。公明党と共産党も似てるんだけど、バックボーンは宗教やイデオロギーであるという点が違う。そういうのがバックボーンだと、まだあそびどころがあるけど、維新はガチガチにやらせるから、意外とあそびがないんだね。維新の議員たちって言うことがほとんど画一的でしょ。松井さんや吉村さんに「右に倣え」。そう教育されてきているから。まだ自民党大阪は自由度が高いので、個々の議員が勝手なことやってて、統率が取れない。どっちがいいか悪いかはさておき。

**松本**　自民党って各地域の大将の集まりみたいなもんだから、みんなが好き勝手やるので、上の人に従って動くということがない。自分に利益がなければ、やらないみたいなところがある。まあ民主的といえば民主的なのかもしれないけど、民主主義というのは個々の意識や働きにかかってきますからね。現状では、維新みたいな組織には勝てないということですね。

**吉富**　維新という敵がいない頃は、自民党は勝てた。同じような政党が出てきて、弟の方が一生懸命頑張ってたら、そりゃ負けるわな。

**松本**　今回の府議選でも、維新は既に現職がいるところにもう一人立てに行き、複数区を作る攻めの戦略だった。でも、自民党は勢力を伸ばそうにも、現職が複数区に反対する。「俺の庭荒らすな」みたいな。議席を伸ばしていこうという気がないし、現状にあぐらをかいてきたから、必死さもない。維新の選挙活動は熱心ですよ。「地域で問題があっても、維新はさっと動く」と吉富さんも書いておられましたね。

**吉富**　他の政党だけじゃなくて、維新は「内部も敵」だからね。これまで自分がいたところにまた新たに入ってくるわけだから競い合わなきゃいけない。そりゃ一生懸命、地域回りしますよ。自民はやらないけどね。

## 都構想、正直どうでしょう？

**松本**　住民投票が実施されると、都構想は可決され、大阪市が廃止・解体、ということになるでしょうね。

**吉富**　うん、可決する。

**松本**　公明はもうグラグラですしね。前回の住民投票は僅差でしたし、今回は勢いもある。「一度、都構想に賭けてみよか」ということは起こると思う。あとは住民投票がいつになるか。吉富さんは早く勝負を仕掛けてくるという意見ですけど、松井さんは年内はやらないと言ってたでしょ。

**吉富**　年内にはやらないかもしれないけど、遅くても来年には確実にやるでしょう。6年後には万博が迫っている。4年の任期のうちにやるということだったら、はよやらなあかん。それか、万博後。でも、その頃には熱は冷めてるはず。もし僕が維新だったら、とっととやってしまう。実際に公明党抜きでもできるでしょう。松井さんが悠長なこと言うてんのを真に受けたらあかんね。

**松本**　僕もそう思います。都構想が可決されたら、膨大な事務作業や人員配置が発生して、それで万博準備を並行して…って、とてもじゃないけどできない。市役所の関係者は「死人が出る」と言ってます。

**吉富**　過労死が出るやろうね。

**松本**　しかも、それだけやっても、はなはだ中途半端な特別区ができるだけで…。

**吉富**　でも実際のところ、一番やりたくないのは、維新の市会議員でしょう。彼らは市会議員としての身分を失う。「維新の市会議員の半分くらいはやりたくないみたい」と見る人もいる。もし特別区になって問題が起こったとしたら、自分らが責任を取らなあかん。府会議員は何にも変わらんからいいわな。

**松本**　ずっと都構想を争点にしていれば、維新は「改革が進まないのは、既得権益のせいだ」と主張し続けることができる。

**吉富**　そう。都構想がなくなったら、維新は次何するの？　永久にあのトコーソーの旗印を掲げとけばいいのよ。仮にトコーソーが実現して、彼らの政策の一丁目一番地がなくなったら、本来であれば、彼らは解散しなければいけない。それが筋です。でもしないだろうから、政策としてずっと掲げとけばいいですよ。

**松本**　万博も建設関係は一時的に儲かるだろうけど、大阪の景気が本質的に良くなるとは思えない。外資や東京の資本が吸い上げていって、ＩＲもカジノ業者と吉本興業が儲けるだけの話。体感景気は良くなるかもしれないけど、市民・府民の財布に入るかはわからない。

**吉富**　商売人は直接結びついてくるから、ビジネスチャンスと思うかもしれないけど、一般の人やサラリーマンとかは関係ない。でも、なんとなくの期待感が大きい。

## 経済人やマスコミの「対東京意識」

**松本**　僕がハーバービジネスの記事に書いて、維新支持者からすごく批判された部分があるんです。「維新は大阪の代表者である」という政党ラベルを得ている。その大阪とは「抽象的な都市空間」を指しているという、善教将大・関西学院大准教授の研究がありまして、僕はそれって結局、メディアに作られたイメージなのではないかと思ったんですね。テレビの中で面白おかしくステレオタイプ化された「大阪」ってあるじゃないですか。で、その根底にあるのは、結局のところ、大阪の「対東京意識」なのではないかと書いたわけです。現実として、経済規模が敵わないのはわかってるんでしょうけど、何か大阪のプレゼンスを上げるようなものを期待している部分があるんじゃないかな、と。東京でオリンピックをやるなら、大阪は万博や！　みたいなのもそうですし、都にならないのに都構想って言い続けるのも、大阪人の東京コンプレックスを刺激しているような気がします。今回の選挙で、維新は「東京のように特別区にすれば大阪は経済発展するんです」と繰り返し、逆に自民党サイドは「東京の劣化コピーなんかになっても意味がないんです」って言い方をしていた。賛成するにしても、反対するにしても、カウンターとしての東京がずっとあるんではないか、ということを書いたところ、「そんなもんないわ」「こいつ全然わかってへんな」と（笑）。

**吉富**　きっと一般の人は、東京のことをそこまで何とも思っていないですよ。僕自身も東京のことを意識することはないし、経済人とかマスコミのレベルでしょう、意識して対抗心を燃やすのは。

**松本**　吉本芸人の「大阪ローカルで認められたら、東京に進出して全国区になる」というパターンの動きとか、やしきたかじん氏の強烈な東京嫌いに透けるコンプレックスとか。彼らのそういう言動や身の処し方がメディアを通して、維新の支持層を作ってきたっていうのはあるのかなと。

**吉富**　東京のことを意識する人間がいるとするならば、東京と接してきた人たちですよ。たかじんさんだってそうだし、マスコミも経済人も。彼らの与える影響力は確かに大きい。でも、一般人なら東京のことを普段意識していないと関係がない。

## 分断された「反維新側」として

**松本**　数年前、あるシンポジウムに呼ばれた時に、「自分たちの周りには安倍政権の支持者も橋下維新の支持者もいないのに、なぜ彼らの支持率が高いのか、こんな世の中おかしくないですか？」みたいなことで意見を求められたんです。でも、世の中の多数が支持しているはずなのに、自分たちの身の回りにいないということ自体、われわれは分断された世の中の多数勢力である向こうから見て、全く逆サイドにいるということ。「そこをまず認識するところからじゃないですか」と僕は言ったんです。自分たちの思う「正しさ」と相手の間違っている点をずっと同じクラスタの中で言い続けているだけではね。まさに吉富さんが本書で書いていたような「ツイッターのゾーオ増幅器」の部分ってかなりあると思います。シンパでもアンチでも、自分たちの立場に有利になる情報を見たがるじゃないですか。いわゆるエコーチェンバーです。相手のアラを探して、お互いに攻撃したり嘲笑したりするだけで、対話や相互理解をするきっかけが全く掴める気がしない。そういう態度からまず改める。そして、「分断」を埋める努力をする。松井さんが「どこに分断があるんですか」と言ってたけど、現実問題あると思う。そこをどう埋めていくか、歩み寄っていくか。認めるところは認めて、譲れないところは譲れないけど、どこまで擦り合わせていくかを考えなきゃいけない。「市民協議会」という提案を、吉富さんはされていますが…。

**吉富**　僕は3つあると思う。1つ目は、維新の自滅を待つ。2つ目は、維新に学ぶ。3つ目は、無党派層を取り込む。市民協議会はここに入る。でも、大げさな名前つけんと、フツーに話しとったらいい。コアな維新支持者や反対者は水と油やから、喧嘩になって終わるやろけど、それはごく一部の人たち。そうじゃない人って多いんじゃないかな。「都構想っていいな」「維新や橋下さんってステキ」みたいな、そういう「なんとなく」の感覚の人って、案外無党派層と区別がつかないし、そういう人たちと話し合っていけばいいと思う。彼らと話し合っていく中で、次のあるべき方向を探っていかなければいけない。ただ、時間はそんなに無いと思う。まだまだ先っていう可能性もゼロじゃないけど、僕はトコーソーは早く実現すると考えている。それまでに新党派をつくるなんて無理だろうし、もうトコーソー後のことをどうするかについて、考えていかないとダメ。維新の自滅を待つとなると、10年は待たなあかんしな。

**松本**　２０２５年の万博、さらにその翌年か翌々年くらいにカジノも大阪に決まるでしょう。イベントだけで8年はあるので、維新が飽きられるとしたらその後。単純計算でも10年くらいですね。

**吉富**　やっぱり、もういっぺん反省して、維新に学ぶ。特に自民党大阪は、維新が「なんで強いのか」という分析がまだまだ足りない。我々にとっては、何が大事かというと「対話」だと思う。申し訳ないけど、僕は維新の人たちを毛嫌いしてたし、僕自身もボロクソ言われてたわけ。話せる人は絶対にいるから、そういう人たちを少しずつ作っていって、どんどん雪だるまみたいに大きくなったときに、市民協議会みたいなのをつくったらいいと思う。いきなり「こんな方針や政策立てろ」とかは無理。それは市民よりも、自民党が頑張ること。自民党大阪が維新の自滅を待つのも結構やけど、もうちょっと維新に学びなさいよ、と。

**松本**　そういう場で、対話を成立させる主張の仕方ってどういうものなんでしょうね。

**吉富**　最初は酒飲んで話しとったらええねん。実は僕も数年前からいろんな政党を交えた会をつくって、そこで話し合ってる。ケンカになることもあるけど、何年か続けていくうちに、それぞれの考えがわかるようになってきた。市民協議会の発想はここからきてて、この会をやったことによって相互理解が進んでいった。議員さん同士のホットラインにもなってるだろうし、そういうのを市民レベルでできへんかなって。大したもんじゃなくていいんですよ。

**松本**　何か動きに繋がるとかいう目的ではなくて、理解をするために話をする、と。

**吉富**　広がれば、大きな勢力になると思う。ある程度政治的な発信力を持てば、一番困るのは維新。これをフェイスブックのコラムに書いた時に、維新のコアな支持者が「誰が行くか」「行ったら洗脳される」みたいにハナから拒否反応を示していて、それはしゃーないかもしれんけど、中には「参加してみたい、話をしてみたい」というファジーな支持者もいる。光を見出せるのはそのへん。分断はあるから、それを埋めなあかん。それは政党レベルじゃなくて、市民レベル。「なんとかの会」って旗あげてつくったってあかんよ。長続きしないし、絶対に揉め倒すから、ちょっとずつね（笑）。

**松本**　さっきも言いましたが、今回の選挙で一番印象に残ったのは、「穏健な支持層」のこと。維新のことはなんとなく支持してるけど、都構想を含め彼らの政策を全部支持しているわけでもない。僕もそういう支持者には出会ったことがあって、橋下さんの政治手法や都構想の危うい点を説明したけど、結局は「そんなん言うけど、じゃあ橋下さん以外に誰が大阪を変えてくれんの？」となってしまう。向こうからすれば、こっちが何を指摘しても「反維新のやつが、こまごまと重箱の隅をつついてる」ぐらいにしか思わない。だから、とりあえず話を聞くっていうことですよね。「なんで好きなん？　なんで支持してんの？」と、まずは否定をせずに。

**吉富**　我々は負けた側やから、「教えてください」という姿勢で、こちらから頭下げなあかんね。ひょっとしたら、そういう人たちから話を聞いてると、「案外維新っていいな」とか「都構想って素晴らしい」とかそういう結果が出てくるかもしれんからね。ほんまに「ひょっとすると」やけどさ。でも、それはそれでかまへんよね。

**松本**　対話をした結果、価値判断や結論が変わるのは全然問題ないですよ。ただ、多数に流されるのではなく、普遍的な「正しさ」や思考の「軸」は持ち続けないといけない。まさに吉富さんの言う「片手にパン、片手に理想」の姿勢が必要なんだと思います。

**吉富**　我々が実際にやっていかなあかんし、見本をみせなあかんかもしれん。それでも、コアな支持者には「アホが伝染《うつ》る」て逃げられるかもしれんけど（笑）。

**余談　宮本たけしは何で負けた？**

**吉富**　4月21日に投開票された衆院補選大阪12区の宮本たけしさんの場合はそもそも準備が少なかった。かといって、あの票じゃ勝たれへんわ。無所属同士を合わせても無理。無党派層が勢いを失っているのでしょう。やっぱり、それだけ維新の勢いが大阪の隅々まで浸透している。維新の勢力が強くなると、弾き飛ばされる人たちも出てきますから。実際、大阪市会なんて共産はめっちゃ減らしてるでしょ。今回は、八尾や池田の市長まで獲って、維新の支持層が広がっているのはよくわかる。

**松本**　堺も「無血開城」という噂ですし。

**吉富**　ほんまに幕末やな。

**松本**　大阪だけじゃなくて、維新は兵庫とかも入ってきてますからね。今回かなり躍進してきている。東京まで行くかはわからないですが。

**吉富**　次の衆議院選挙になった時に、公明党の選挙区に維新立てたら、公明党は全滅すると思う。だからびびっているはず。そんなんされたら困るから、どこかで絶対に手打ちしますよ。手打ちの条件は、憲法改正とかかもしれない。維新を使って、安倍さんがそう仕向けてくるかもしれない。一番怖いのは、維新と安倍政権がくっつくこと。もう目も当てられなくなりますよ。

**松本**　維新の閣僚ができるということですね。橋下さんの政界復帰は、それが一番シナリオとしては良い。

**吉富**　彼の性格からすると「雑巾がけ」なんかするタイプじゃないから、やるんだったら、復帰は閣僚で帰ってくるんちゃうかな。

**松本**　僕の周りでは宮本さんの評価は高かったけど、普通の人たちは知りませんよね。共産アレルギーの人らも特に。実際に蓋開けて見たらあの結果やし、世の中の普通の人に浸透してるのは間違いなく維新。

**吉富**　維新は結局、自民党の突然変異。この国の国民はどこまでいっても自民党が好きで、共産党が嫌いやね。

**松本**　共産アレルギーは、世代的な理由もあるのかも。地方議会を見てきた身からすれば、なぜそこまで嫌うのか、よくわからないですが…。

この対談は4月27日に行われた。5月13日校了日現在、新聞報道にあるように、維新は来秋に住民投票を実施しようとしている。

松本創《まつもと・はじむ》
1970年大阪府生まれ。神戸新聞記者を経て現在はフリー。政治・行政、都市や文化などをテーマに取材し、人物ルポやインタビュー、コラムなどを執筆。著書に『軌道 福知山線脱線事故 JR西日本を変えた闘い』（東洋経済新報社）など。大阪府政・市政を8年間にわたって取材・検証した『誰が「橋下徹」をつくったか――大阪都構想とメディアの迷走』（140B）で2016年度日本ジャーナリスト会議賞受賞。

# おわりに

大阪の政治を見はじめてから20年以上が経ちました。とはいえ、最初は写真週刊誌の記者として政治家や知事、市長のスキャンダルといった世間が騒ぎそうな表面の現象だけを追っていたものです。それでも取材しているうちに、自身の関心はスキャンダルから行政や政治の中身へと移っていった。取材で知り合った役人や政治家から刺激を受け、少しずつですが知識を増やしたり裏話を聞く機会も増えました。

大阪府や大阪市の行政と地方政治を20年以上も定点観測していると、鈍感なわたしにも少しはなにかが見えてくるから不思議です。人間というものは何度も同じ過ちを繰り返すものであり、人間の悲しい性(さが)みたいなものまで見えてくるから恐ろしい。

府と市はかつて、現在とは違って財政が豊かな時代がありました。カネがあり余っているのなら困っている府民や市民のために使えと、当時の市民団体などから文句を言われたものです。

ところが当の行政と議会はゴーマンを自信の現れだと勘違いし、ハコモノを乱立。労組と一部の公務員は公務をサボることに恥も感じなかった。そのうちバブル経済の破たんなど外部環境の大変化があって、〝府市あわせ〟と呼ばれた大阪府と大阪市の事業もこのときは仲良く破たん。マスコミから叩かれ世論は反発し、府市が小さくなっているときに出てきたのが橋下徹さんや維新の会だったのです。

その維新もいまや党勢を拡大して怖いものなし。この勢いに乗ってトコーソーの実現へ一直線です。ですが維新がやっていることは、かつての大阪府と大阪市がやらかした失敗をトレースしているようにしか思えない。自信とゴーマンの区別がつかず、反対するマスコミや学者、記者を「偏っている」「実務を知らない者のたわごと」「インチキ」などと罵っている。そういえば、いけいけドンドン時代の府市の政治家、役人の心根もどこかゴーマンでした。

歴史は繰り返すではありませんが、この調子では大阪をかつての暗黒史が姿と形を変えて襲ってくるだろうと予測しています。2度目の歴史が〝喜劇〟ならいいけれど、大阪の場合はさらなる悲劇が生まれるかもしれないと、定点観測20年以上のわたしは心配しています。

拙著はそのような背景から誕生しました。文体は軽いですが、よく読めば中身は決して軽くありません。むしろ、重い。そんな歴史を繰り返さないためにも維新と非維新、その界わいと周辺はいったん立ち止まり、アタマを冷やしてほしいと望みたいのです。

最後に、コラムの書籍化を勧めてくれた編集者の江弘毅さん、対談に応じてくれたライターの松本創さん、そして内容を細かく点検してくれた近畿大学総合社会学部の金井啓子教授に深く感謝いたします。

「令和元年」を迎えた２０１９年５月

吉富有治

# 「大阪の政治と維新と都構想」年表

**2008年**

1月27日　橋下徹氏、大阪府知事選で当選
2月6日　橋下知事、就任早々「財政非常事態宣言」を発表。「職員は破産会社の従業員」と述べる

**2009年**

8月30日　衆議院総選挙で民主党が6割以上を制し、政権を獲得
9月27日　橋下知事が堺市長選で応援した前大阪府制作企画部長の竹山修身氏が当選
10月26日　大阪府庁のWTC移転問題をめぐり、松井一郎府議ら5人が自民会派離脱を表明

**2010年**

1月12日　橋下知事、公明党大阪府本部の新春互礼会で「大阪都構想」に言及
4月19日　地域政党「大阪維新の会」が発足。橋下知事が代表に就任
6月1日　大阪ワールドトレードセンタービルディング（WTC）が大阪府咲洲庁舎となる

**2011年**

4月10日　統一地方選。大阪維新の会は府議会で単独過半数。大阪・堺両市議会で第一党に
10月22日　橋下知事、11月27日の大阪市長選への出馬を表明。府知事候補は松井府議に
11月27日　ダブル選挙で橋下氏が現職の平松邦夫氏を破って大阪市長に、松井氏が大阪府知事に当選
12月19日　橋下氏、大阪市長に就任。記者会見で「決定できる民主主義」を掲げ、区長公募などを発表
12月27日　府市統合本部を設置、第一回会議を開催。本部長＝松井知事、副本部長＝橋下市長

**2012年**

5月31日　橋下市長、猛反発していた大飯原発の再稼働を事実上容認する発言
9月12日　大阪維新の会パーティーで、国政政党「日本維新の会」設立を宣言
12月16日　衆議院総選挙で自民が圧勝、民主党から政権を奪還。日本維新の会は54議席で第3党に躍進

**2013年**

5月13日　橋下市長、「従軍慰安婦は当時必要だった」と述べ、米軍普天間飛行場で海兵隊司令官に風俗活用を提案したと明かす。翌日から、慰安婦発言は「誤報」とメディア批判
7月21日　参議院選挙。維新は改選議席を上回ったが伸び悩む。自民が65議席で圧勝
9月29日　堺市長選。現職・竹山氏に維新の西林克敏氏が完敗

**2014年**

3月3日　橋下市長、辞職して出直し選挙を行うことを正式表明。「再選されれば、都構想反対の自民・民主・共産の府議を法定協から排除する」と公約
3月23日　橋下氏、大阪市長出直し選挙で当選。23・59％と記録的低投票率に
6月27日　府議会の議院運営委員会で、法定協委員の維新議員への入れ替えが強行される
7月23日　第17回法定協が開かれ、維新単独で特別区設置協定書を決定
9月21日　日本維新の会と結いの党が合流した「維新の党」が結党大会
10月27日　大阪府・市両議会、大阪都構想（特別区設置協定書案）を否決
12月26日　「公明党が一転して都構想の住民投票に賛成」との報道

**2015年**

1月20日　橋下市長、市役所幹部会議で「市職員が都構想の取材に自らの考えを述べてはならない」と指示
3月5日　都構想を批判している京都大学大学院の藤井聡教授を出演させないよう維新の党が在阪テレビ各局に文書を送っていたことが発覚
3月13日　協定書案が市議会で可決。17日には府議会で可決。5月17日の住民投票が決まる
4月12日　統一地方選。大阪府・大阪市・堺市のいずれも大阪維新が第一党に
5月17日　大阪市民を対象とした住民投票で特別区設置協定書に反対多数。都構想が否決され、橋下市長は「政治家は終了」と引退表明

6月10日 自民党から提案されていた大阪戦略調整会議（大阪会議）設置条例案が大阪市議会で可決。その後、府議会・堺市議会でも相次いで可決
7月24日 大阪会議の初会合。維新側が「都構想の対案と明記せよ」と求めて紛糾。終了後、維新側が「大阪ポンコツ会議」などと批判
8月27日 橋下市長、松井知事とともに「維新の党」を離党
10月1日 新党「おおさか維新の会」の結党を発表。11月の府知事選に松井氏、市長選に吉村洋文氏を擁立すると正式発表
11月22日 大阪府知事選・市長選投開票。府知事に松井氏が再選。市長に吉村氏が初当選
12月18日 橋下市長が退任
12月19日 吉村氏が大阪市長に就任
12月28日 第1回副首都推進本部の会議で故・堺屋太一氏が「10万人の大盆おどり」を提唱

**２０１６年**

2月25日 吉村市長が2度目の住民投票に言及
8月23日 大阪カラーが強いことから、おおさか維新の会が「日本維新の会」に党名変更
8月31日 総合区の住民説明会で松井知事が「総合区では二重行政は解消できない」と発言

**２０１７年**

1月20日 ドナルド・トランプ氏が第45代米合衆国大統領に就任
2月9日 森友学園問題の発端となる記事を毎日新聞が報道
5月26日 公明党の賛成により大阪市会で法定協設置規約案が可決
6月9日 公明党の賛成により大阪府議会で法定協設置規約案が可決
6月27日 第1回目の法定協議会が再スタート
7月10日 大阪府議会は森友学園の籠池泰典前理事長を本会議に参考人招致

**２０１８年**

1月25日 橋下徹氏が朝日新聞のインタビューで住民投票の先送り論を提案
1月27日 都構想の再挑戦に向けて大阪維新の会が街頭タウンミーティングを始動
2月7日 大阪市は都構想の経済効果を入札により公募。結果、応募するシンクタンクはゼロ
4月13日 来阪中の安倍晋三首相は自民党大阪府連の代表者らとの会食時に「都構想には反対」と明言
4月26日 大阪市が入札公募していた都構想の経済効果について学校法人嘉悦学園が応募し、約１０００万円で業務を受託
6月18日 大阪府北部地震。マグニチュード6・1。最大震度6弱を大阪市北区・高槻市・枚方市・茨木市・箕面市で観測
9月4日 台風21号が大阪を直撃。関西国際空港が高潮による滑走路やターミナルビルへの浸水、停電により閉鎖。空港連絡橋にタンカーが衝突し、連絡道路が閉鎖し、一時孤立状態に。また強風のため各地で死亡事故や倒木などの被害が相次ぎ、住之江区の大阪府咲洲庁舎付近では車20台以上が横転
9月7日 台風21号の被害が甚大な大阪府を置き去りにし、沖縄知事選対策のため松井一郎知事が那覇市入り
11月16日 嘉悦学園が試算した経済効果について府・市の副首都推進本部会議で議論。維新以外の会派は参加せず
11月24日 ２０２５年万博の開催国に日本の大阪市が選ばれる
12月26日 大阪府の松井一郎知事が、住民投票をめぐる公明党との密約を暴露。密約は２０１７年4月17日に「合意書」という形で結ばれていた

**２０１９年**

1月29日 自民・公明・共産の抵抗に遭って法定協議会の空転が続く
3月8日 松井知事、吉村市長が任期を残して辞任届を府市の両議長にそろって提出。知事と市長を入れ替えるクロス選に打って出る
4月7日 大阪ダブル選、統一地方選前半の投開票がおこなわれ、ともに維新が圧勝。吉村氏が府知事、松井氏が市長に当選
4月21日 衆院大阪12区の補欠選挙が行われ、日本維新の会の藤田文武氏が初当選。池田市長選、八尾市長選でも維新が勝利
4月30日 竹山堺市長、政治資金収支報告書の記載漏れ2億３０００万円の責任を取り、堺市長を辞任
5月7日 大阪維新の会、堺市長選に元府議の永藤英機氏を擁立
6月9日 堺市長選

吉富有治《よしとみゆうじ》
1957年愛媛県西予市生まれの大阪育ち。金融誌記者、写真週刊誌記者を経てフリーランス記者に。専門は地方自治と地方政治。テレビやラジオ、新聞などでコメントも。著書に『大阪破産』『大阪破産第2章』（共に光文社ペーパーバックス）『橋下徹　改革者か壊し屋か』（中公新書ラクレ）『大阪破産からの再生』（講談社）。

緊急検証
**大阪市がなくなる**

2019年6月15日　初版発行

著者　吉富有治
発行人　中島淳
発行所　株式会社140B（イチヨンマルビー）
〒530-0047
大阪市北区西天満2-6-8
堂島ビルヂング602号
TEL 06-6484-9677
FAX 06-6484-9678
振替 00990-5-299267
http://140b.jp/
デザイン　津村正二（ツムラグラフィーク）
写真　松本創
印刷・製本　株式会社シナノパブリッシングプレス

ISBN 978-4-903993-39-3